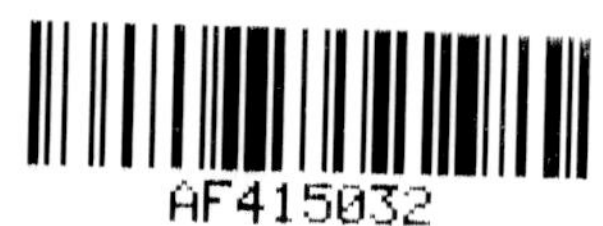


# HALLOWEEN ANIMAUX

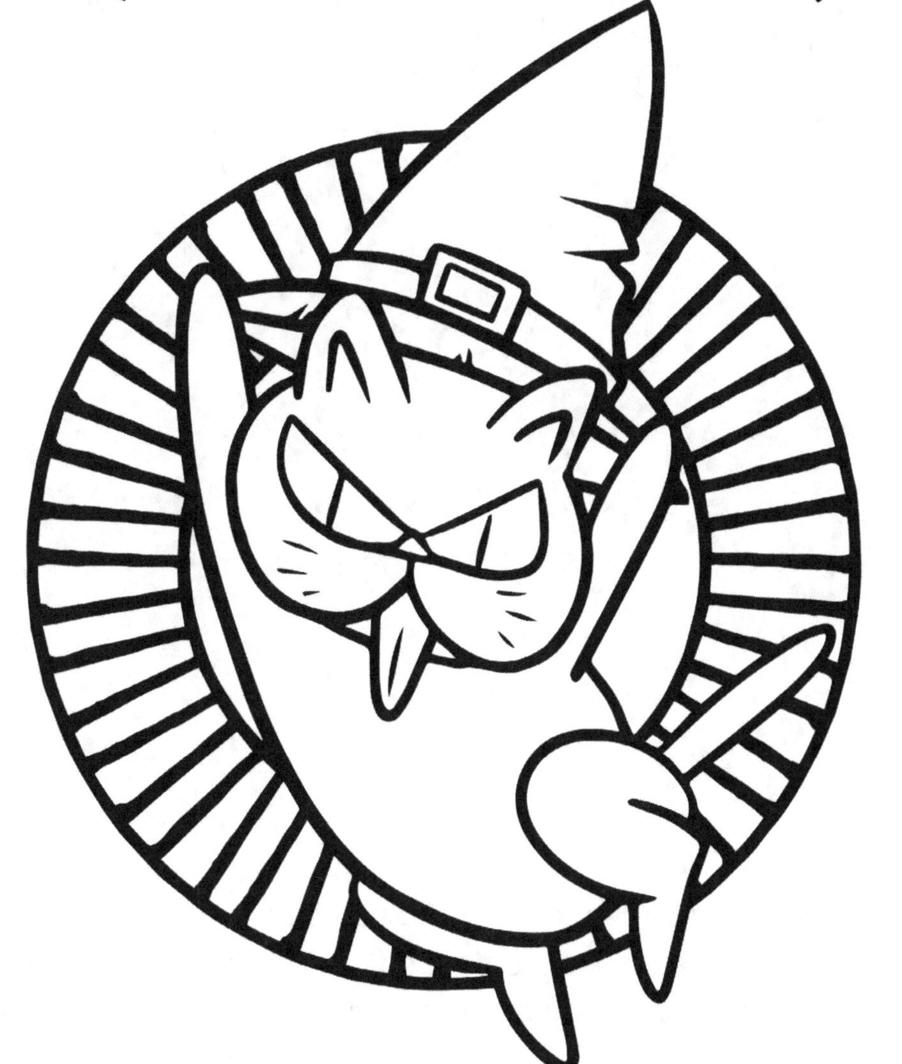

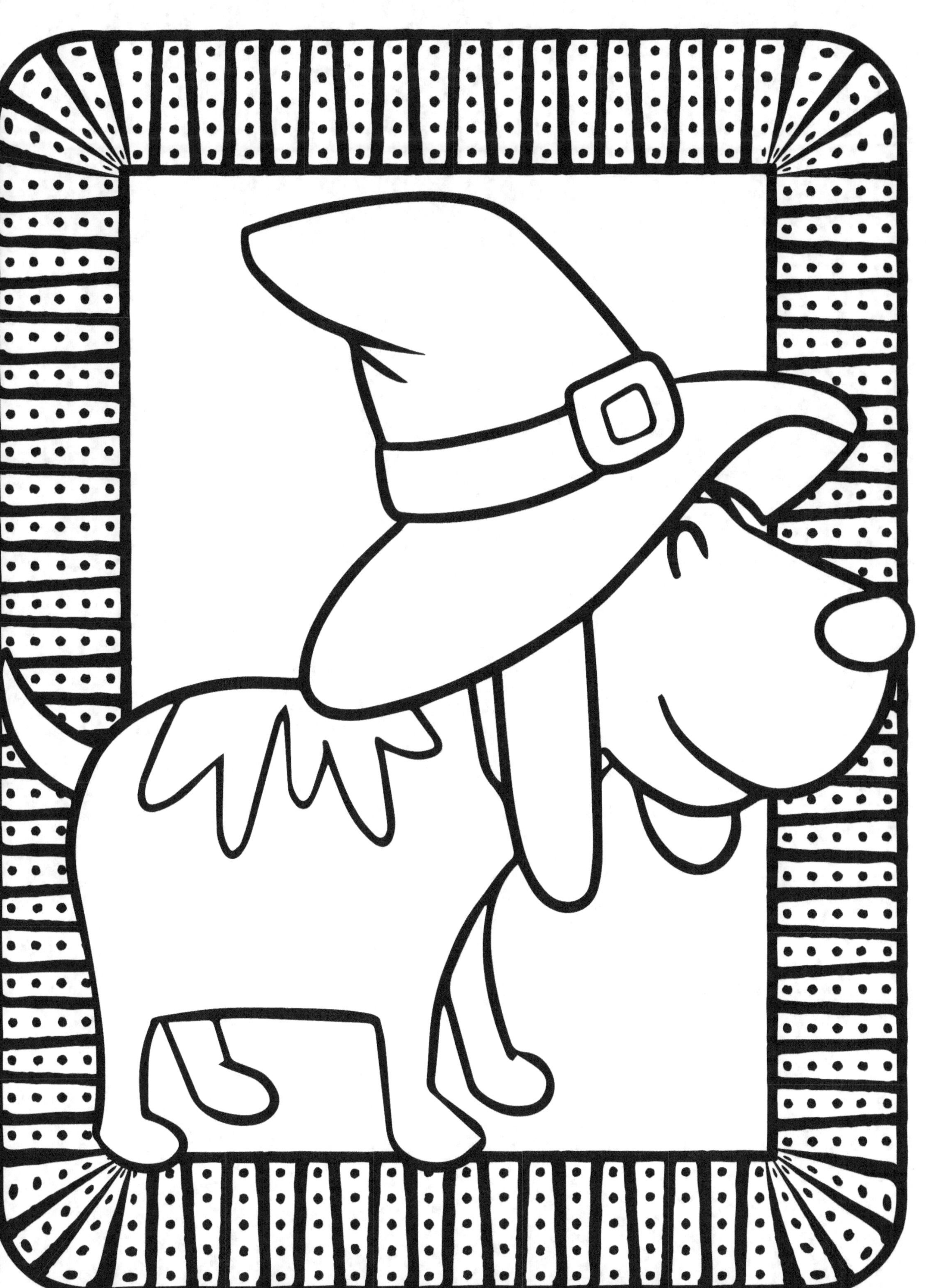

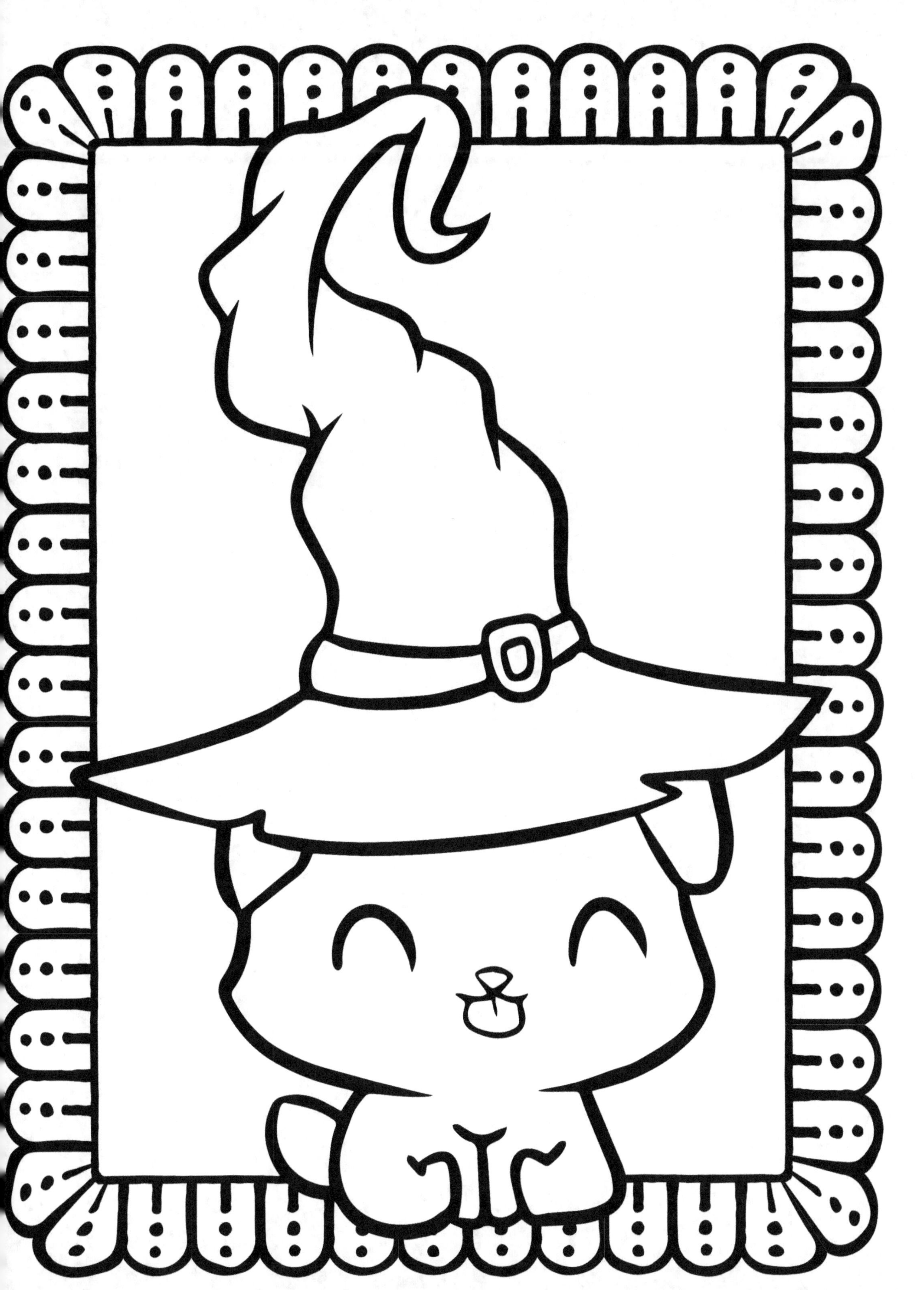

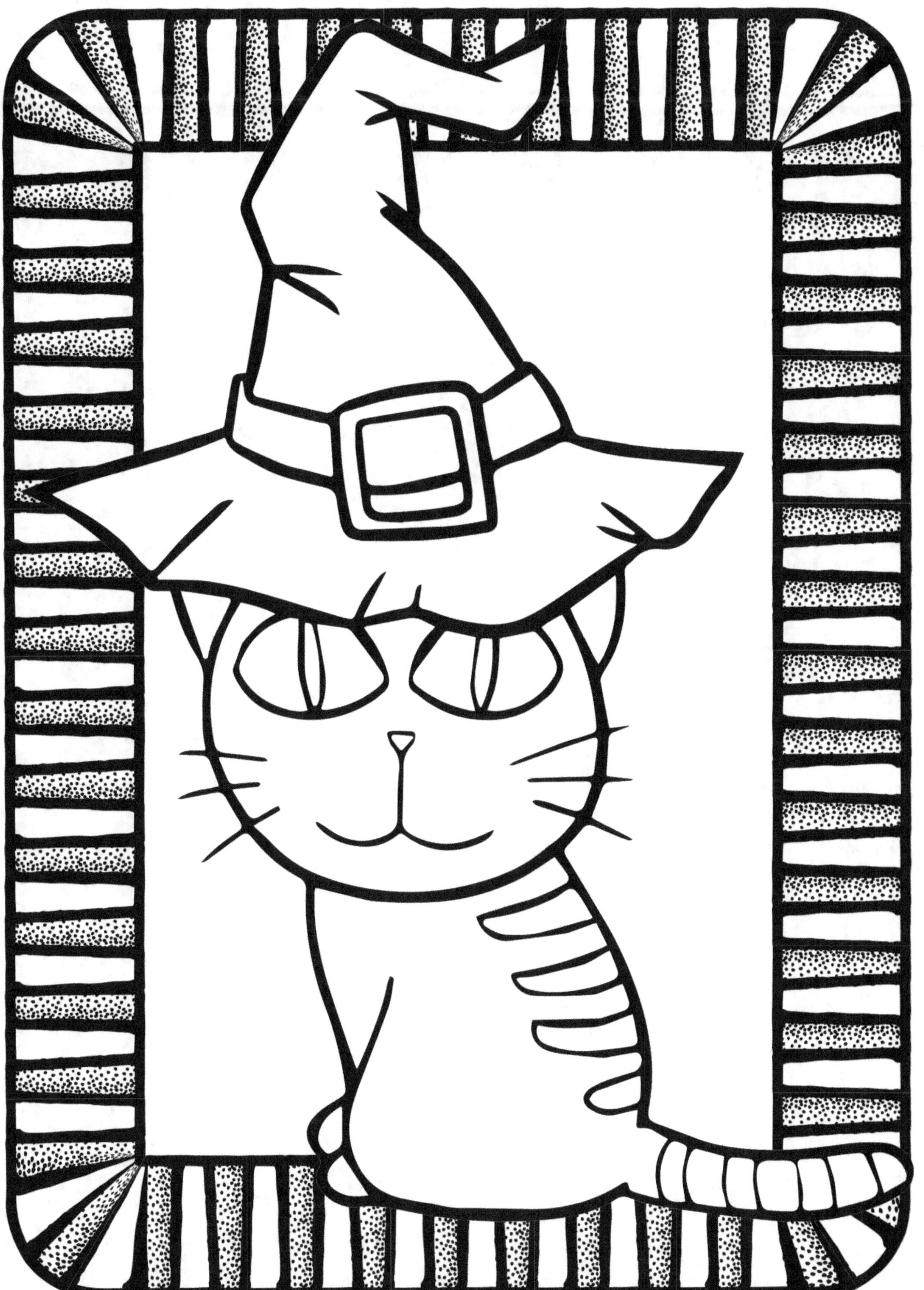

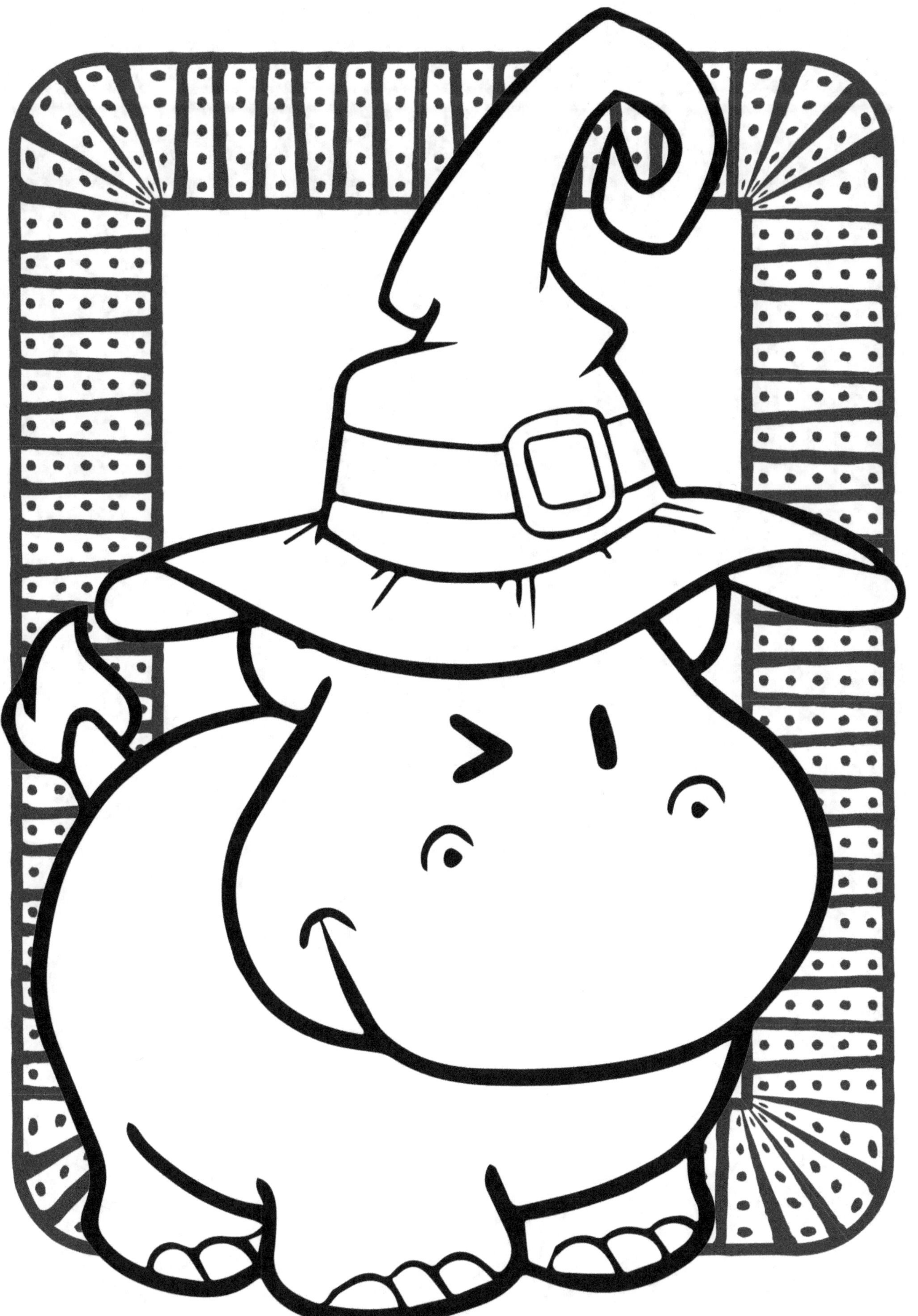

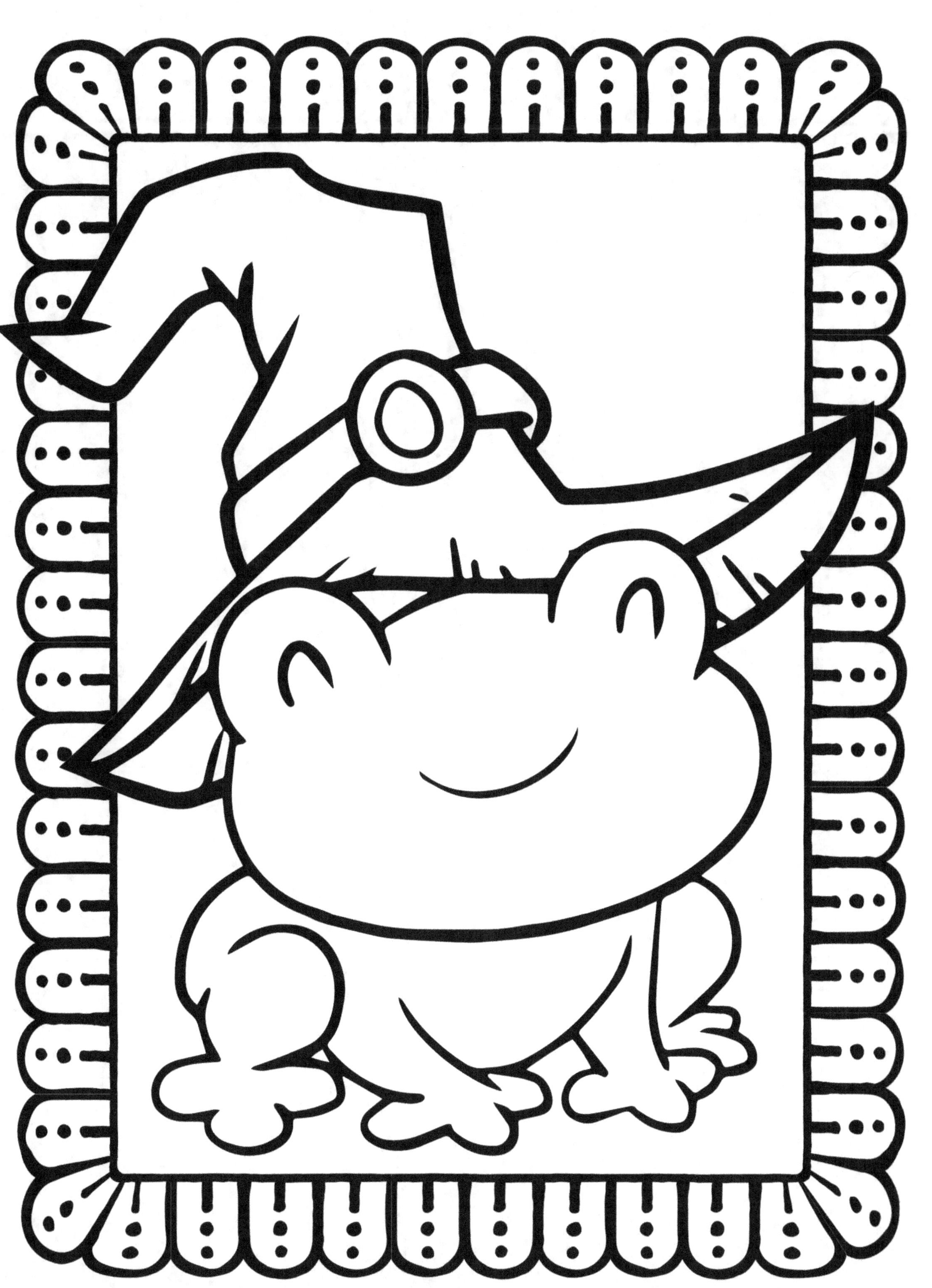

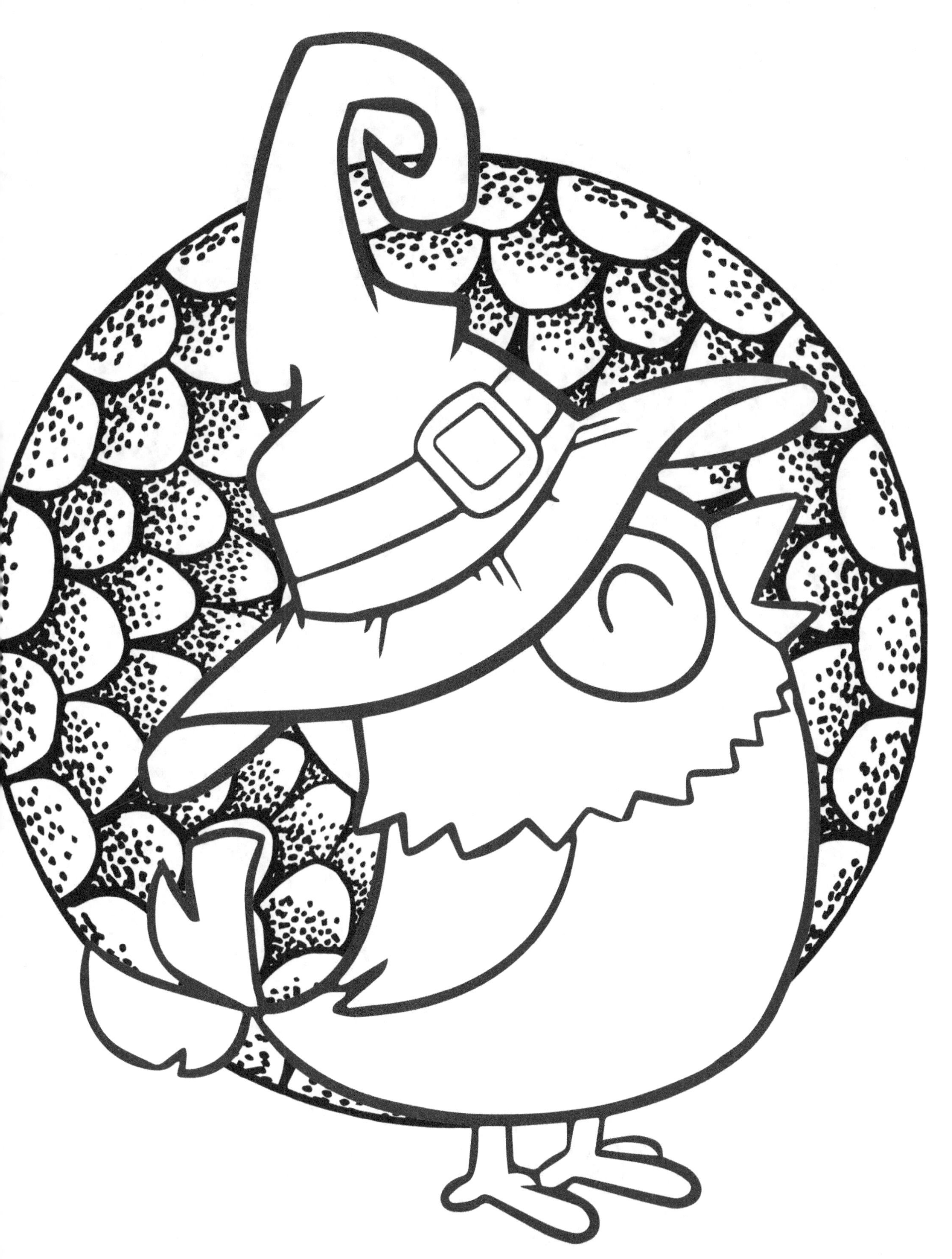

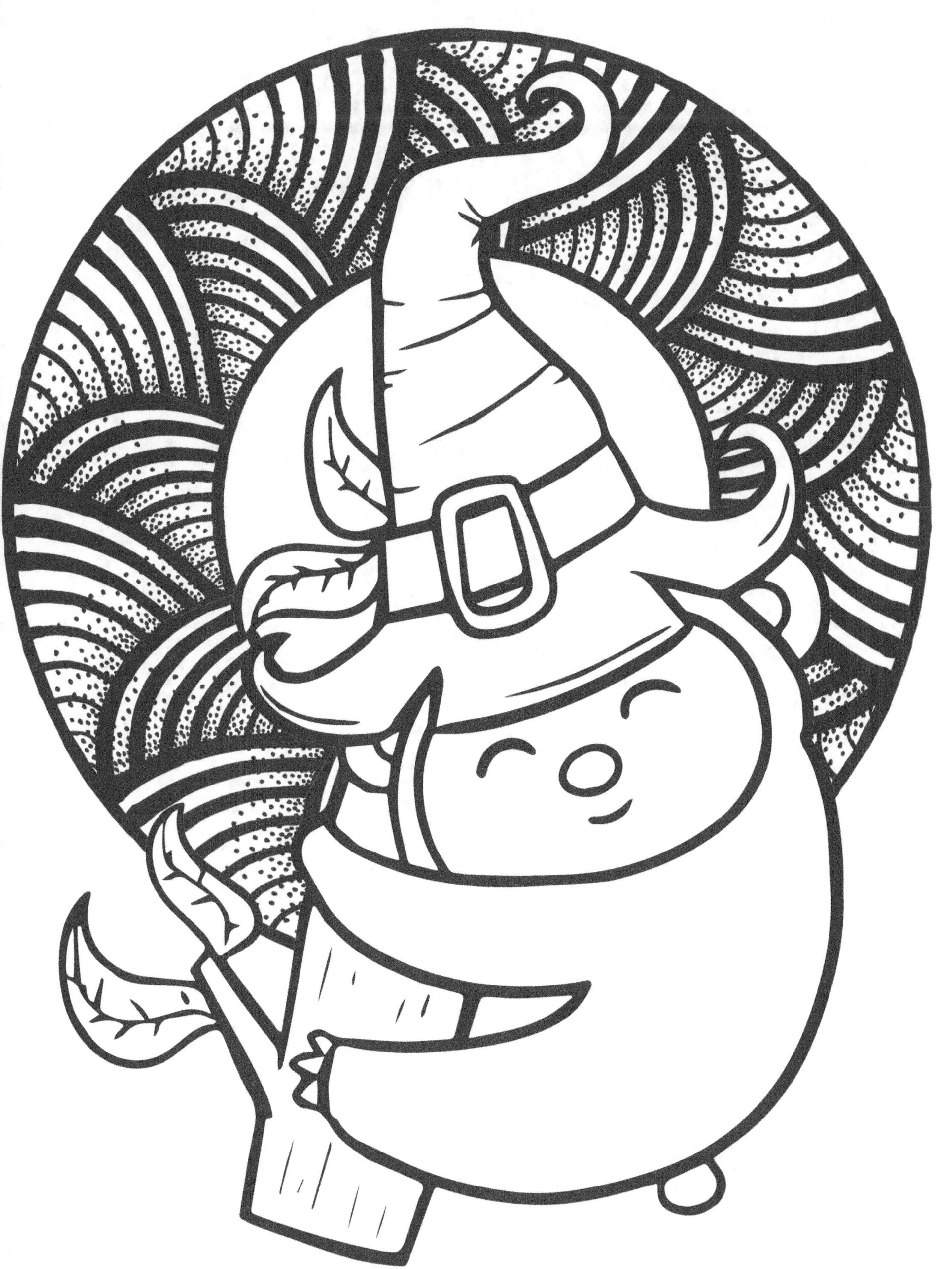

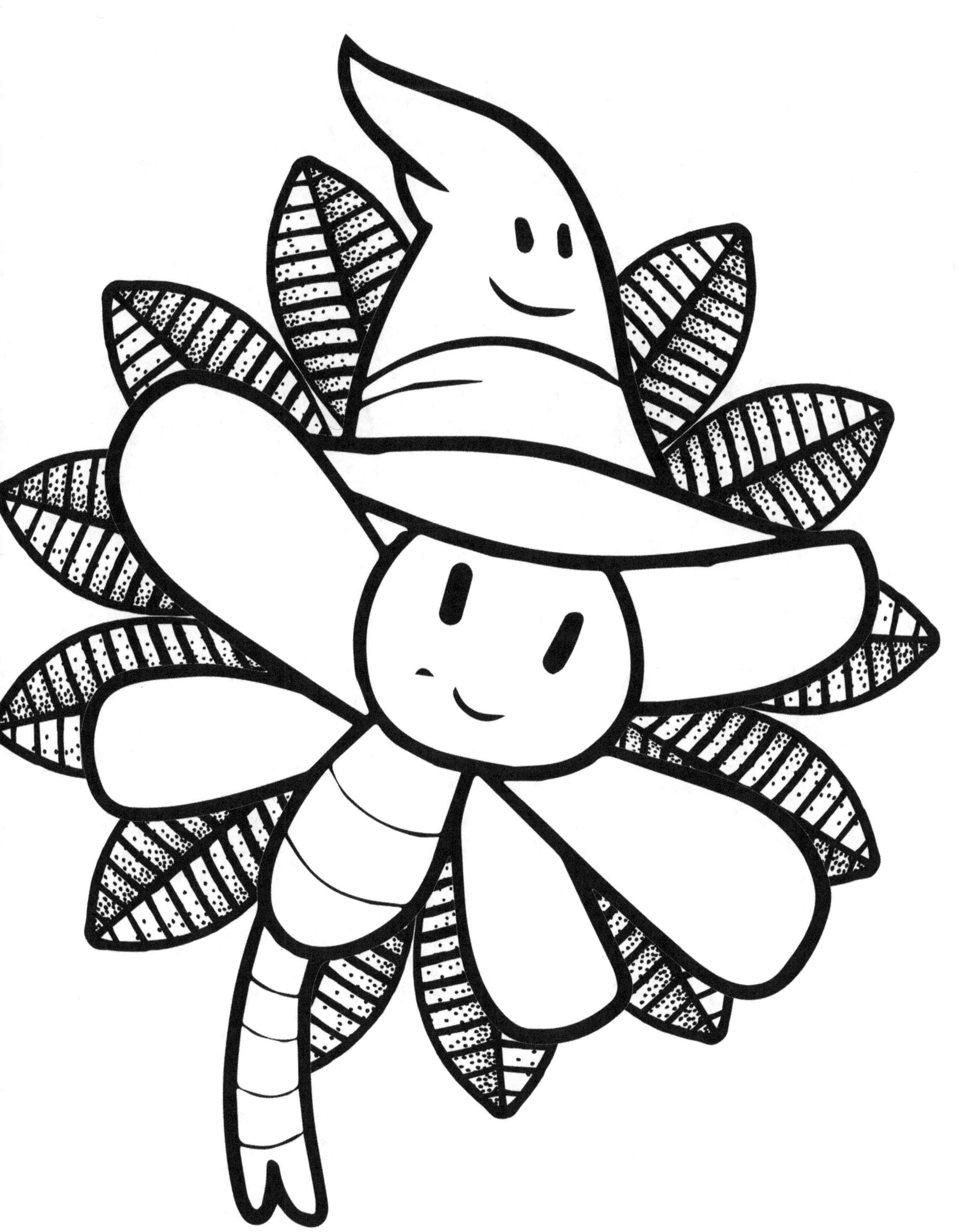

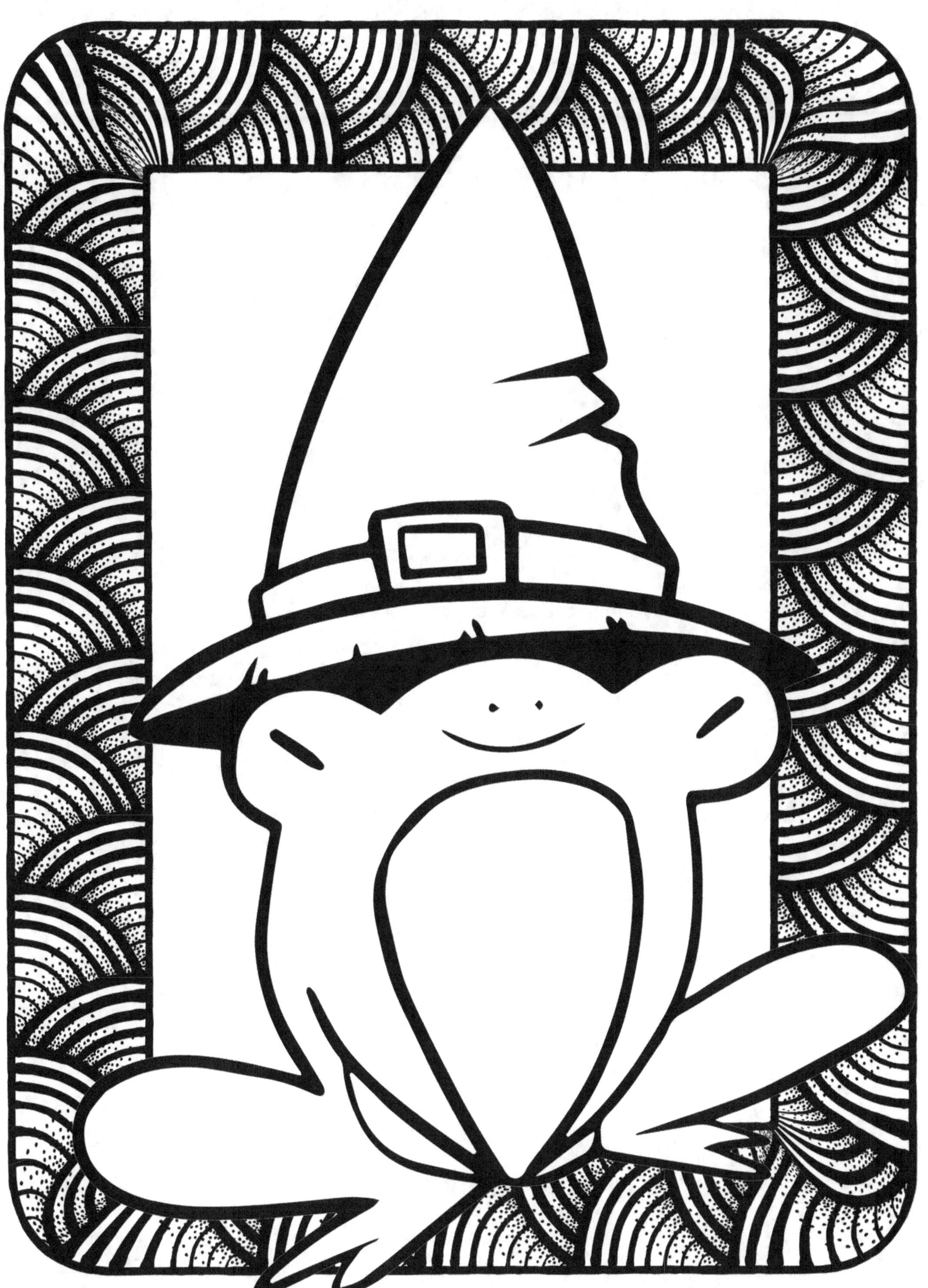

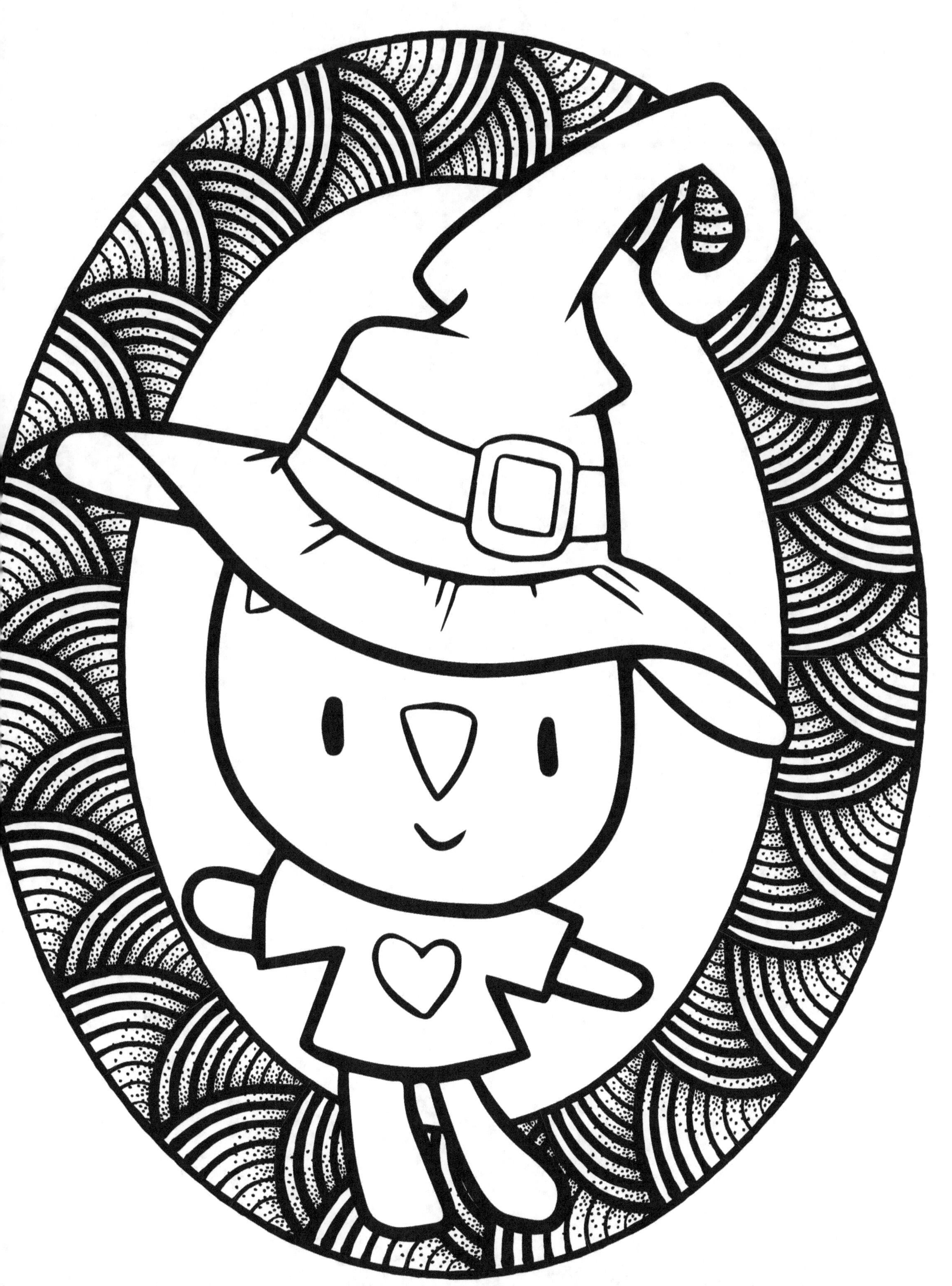

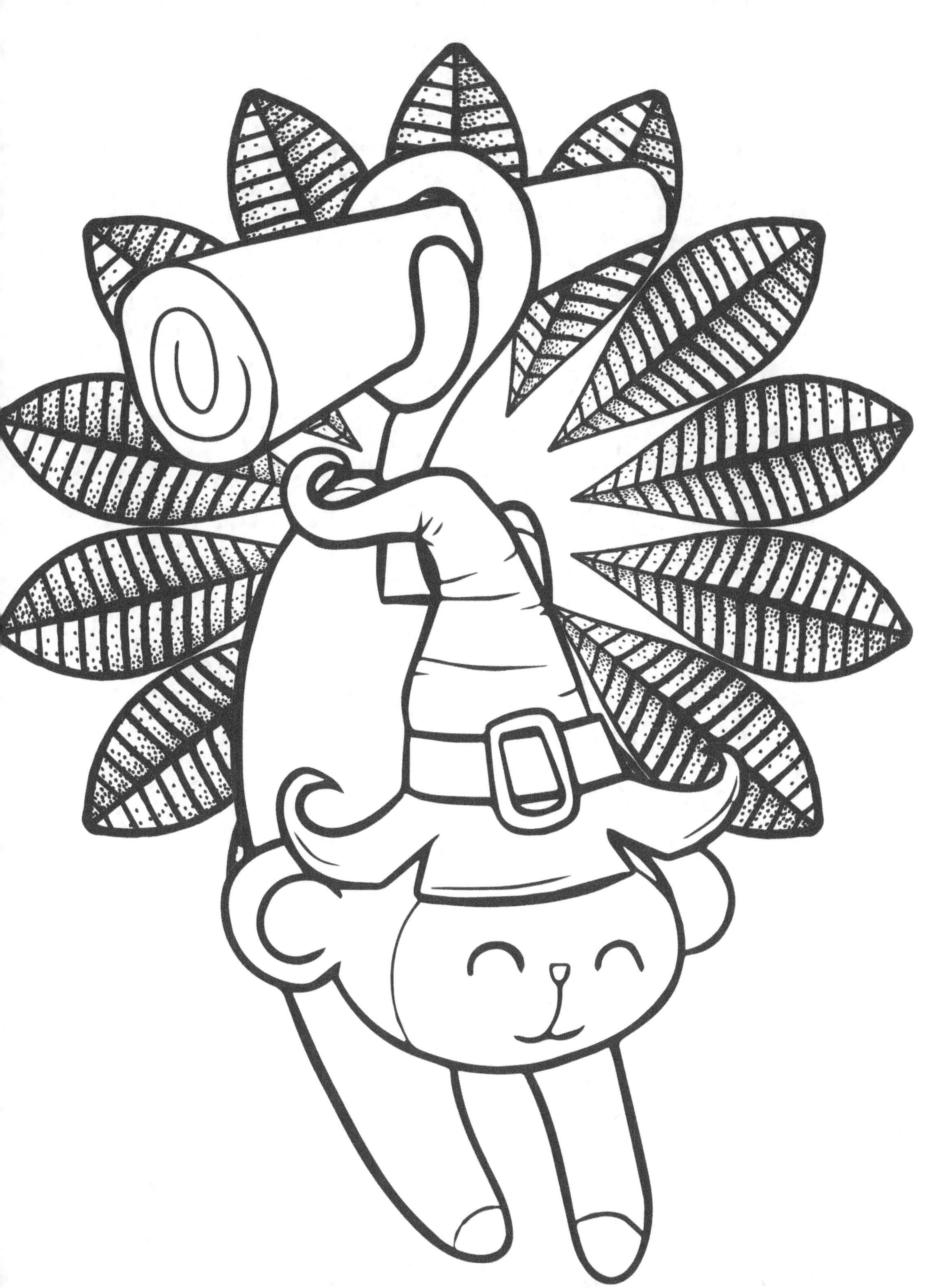

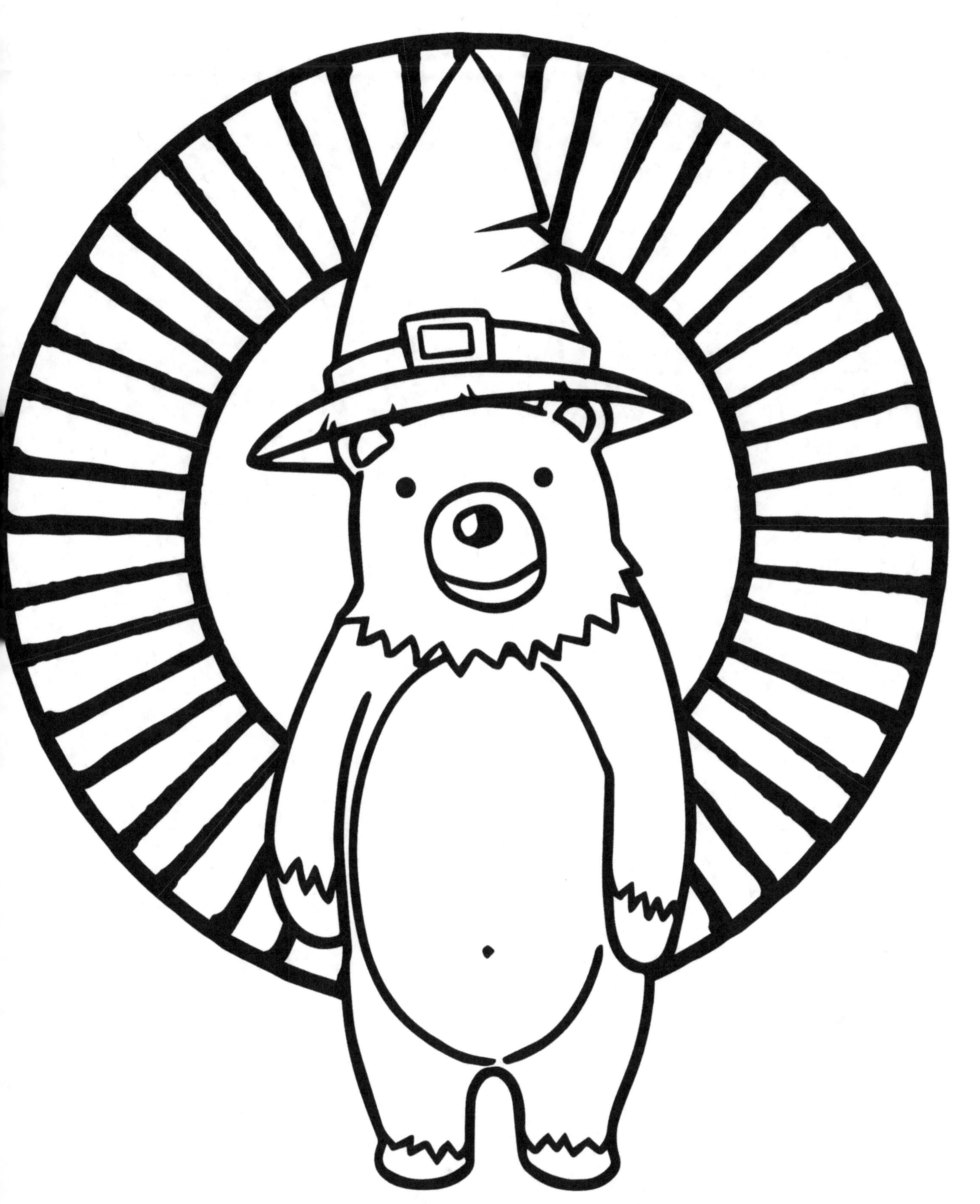

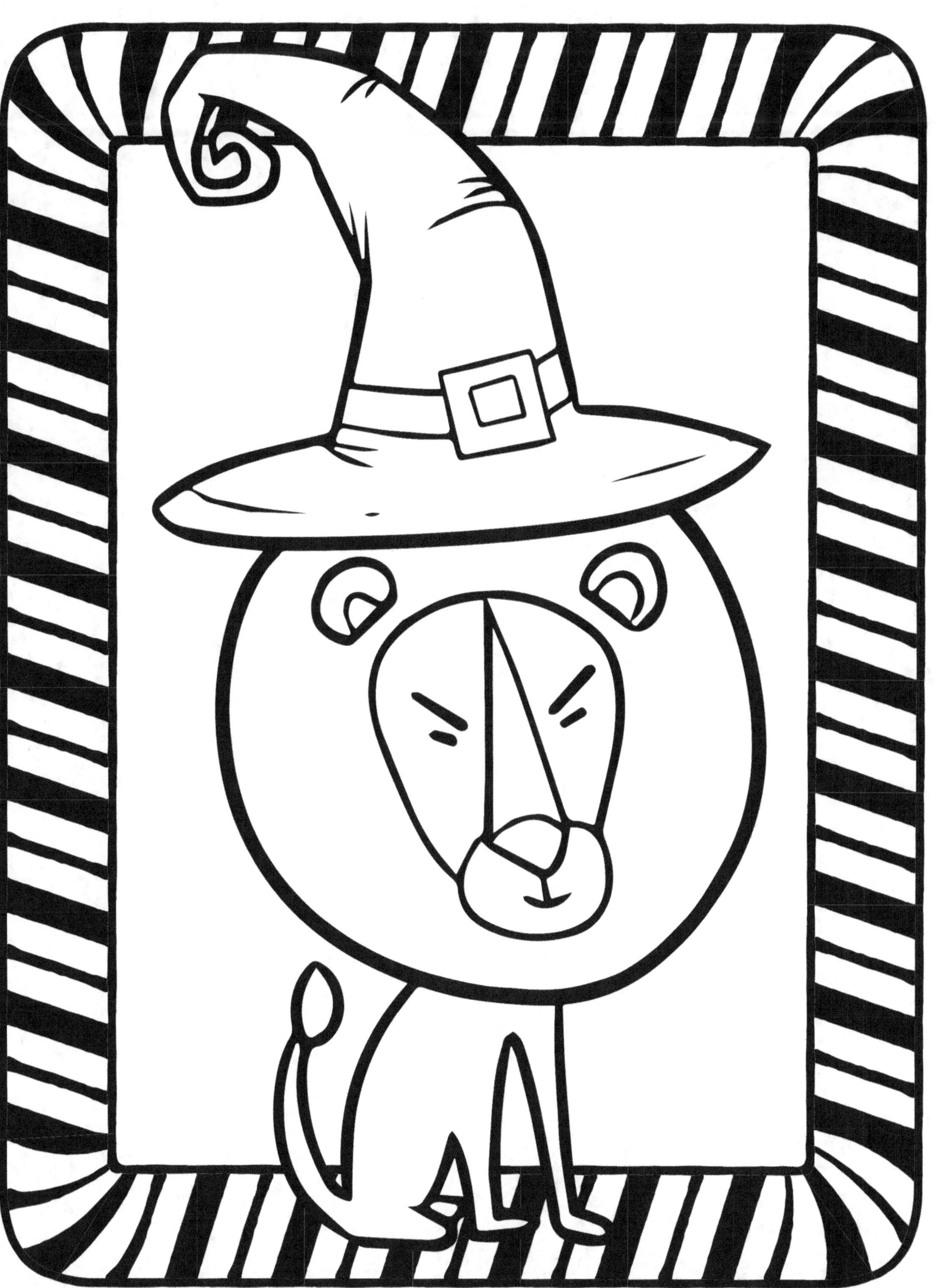

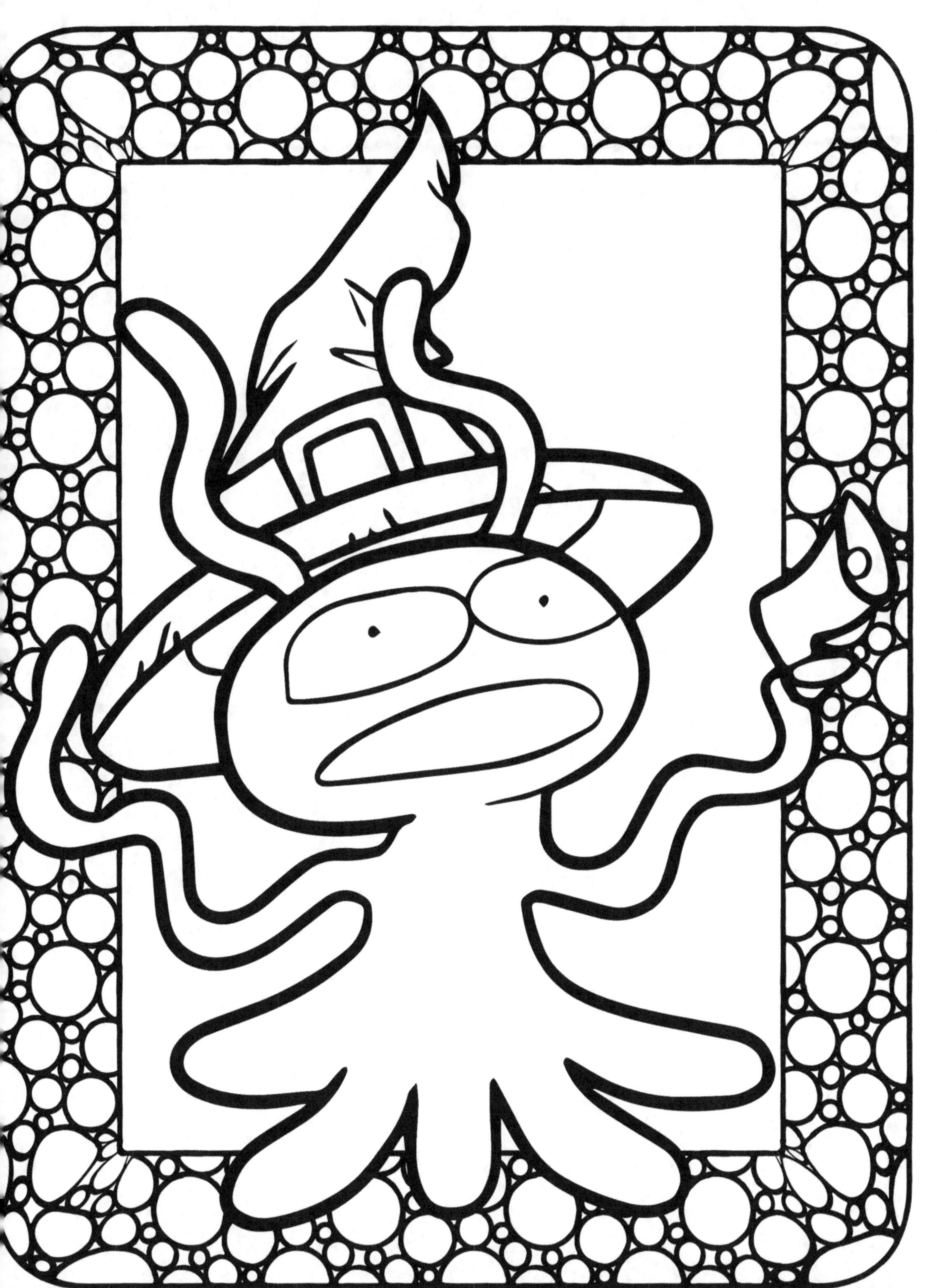

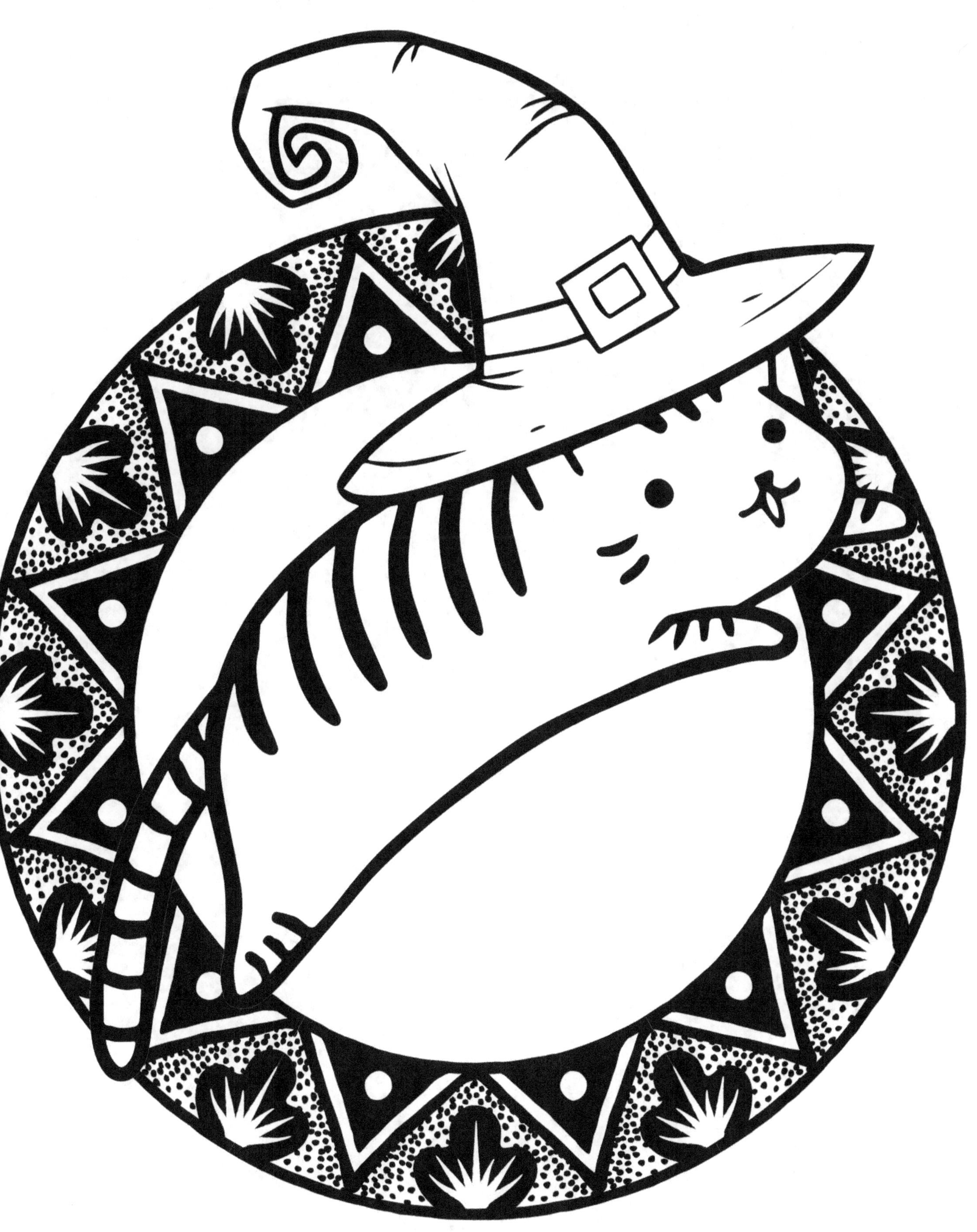

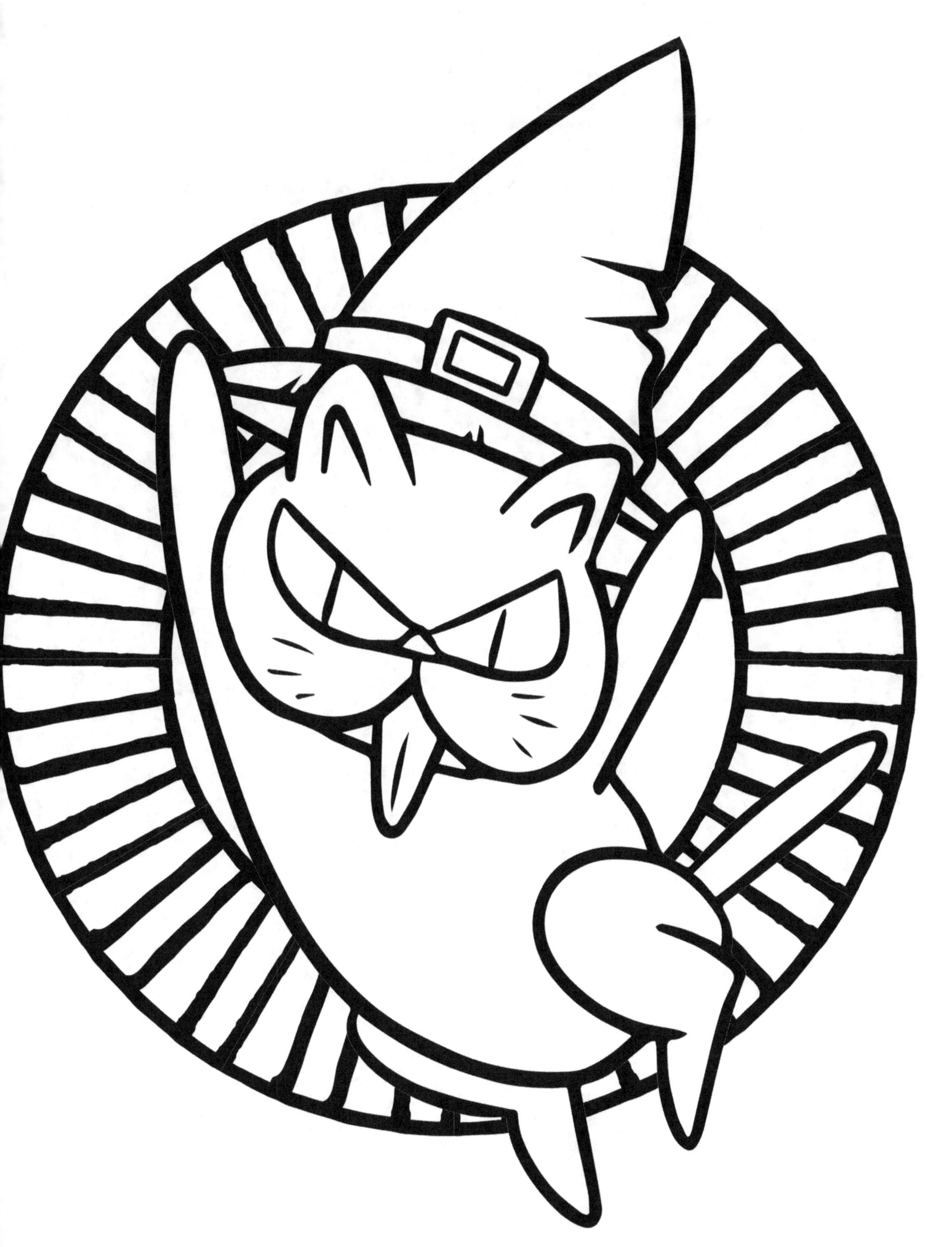

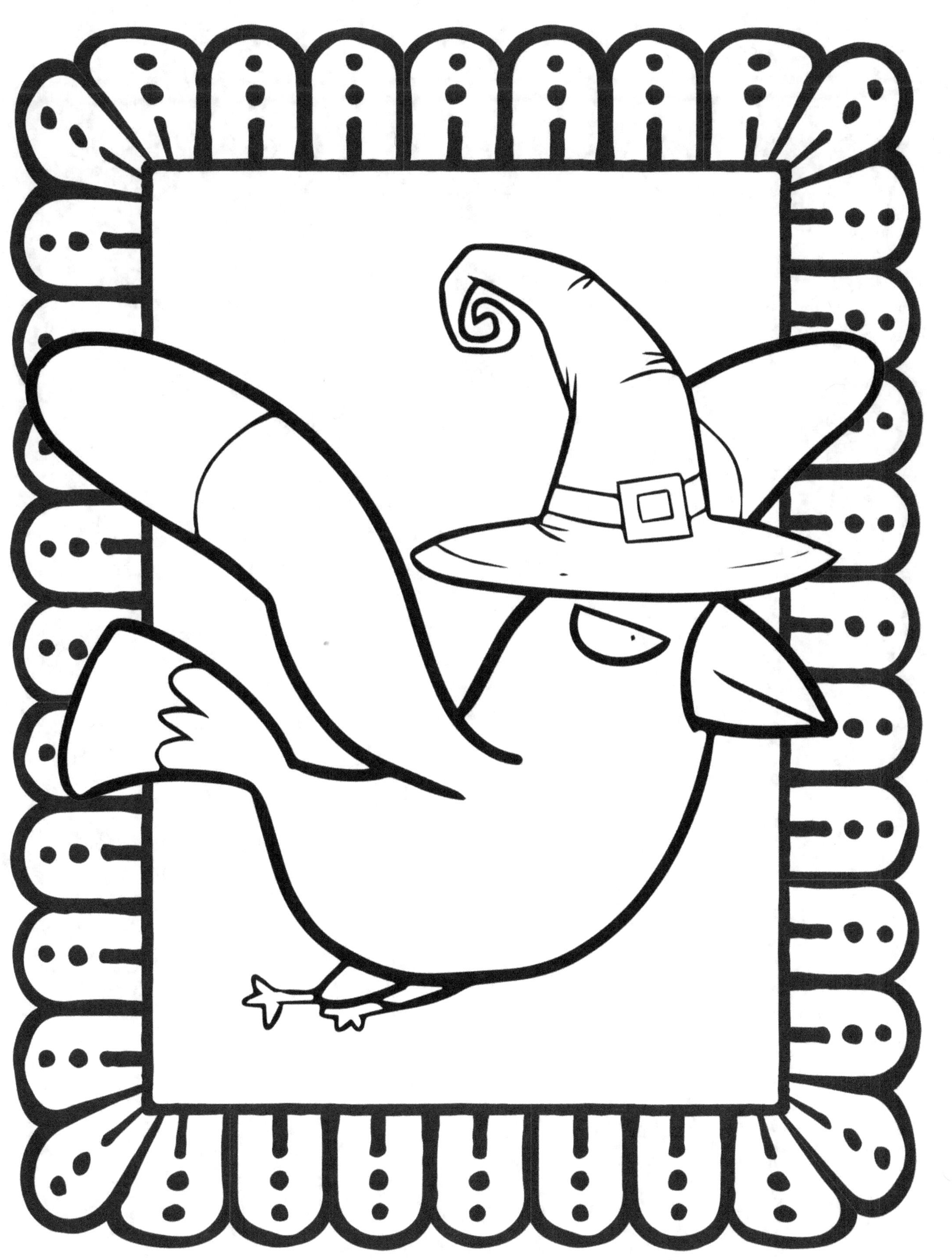

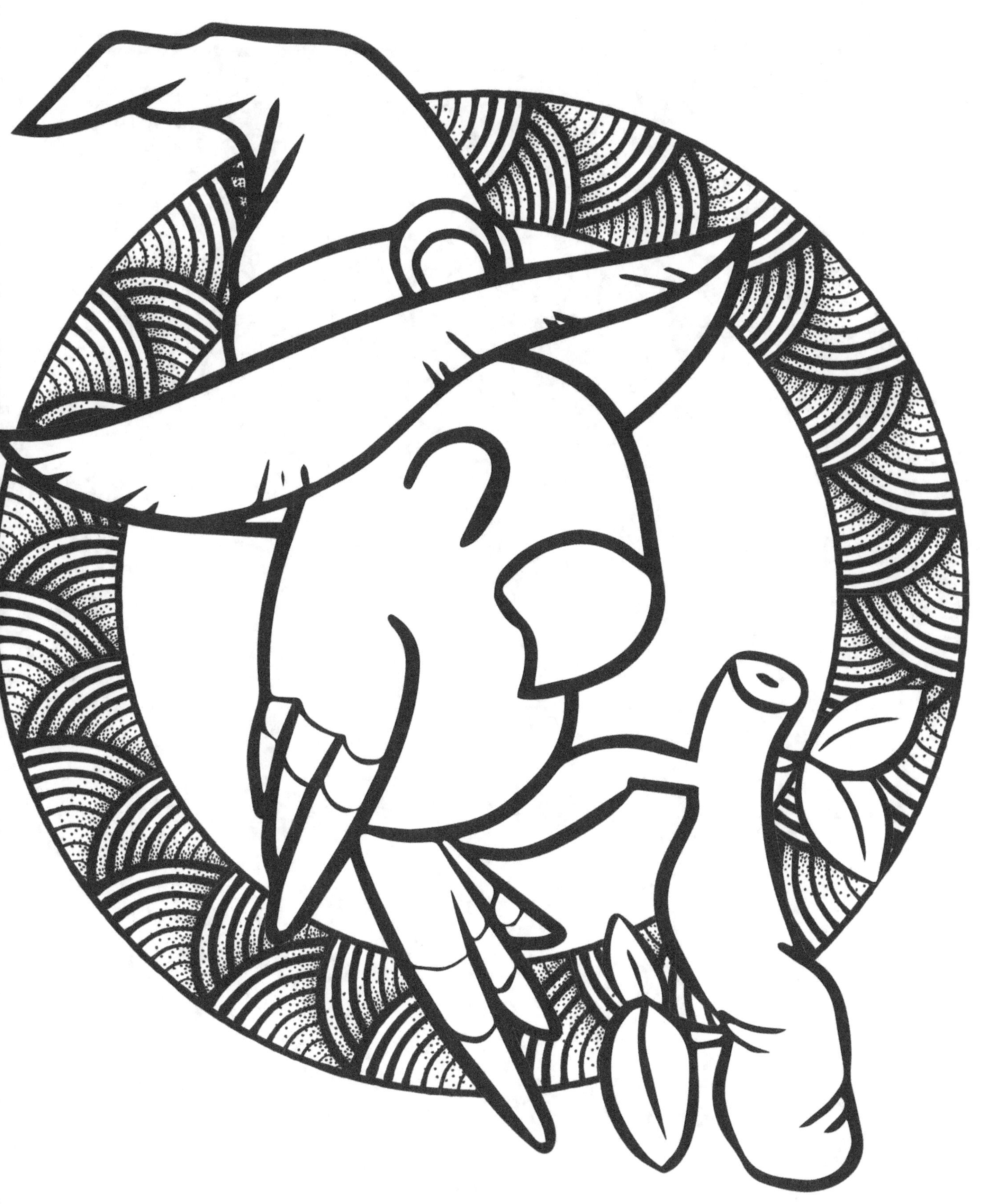

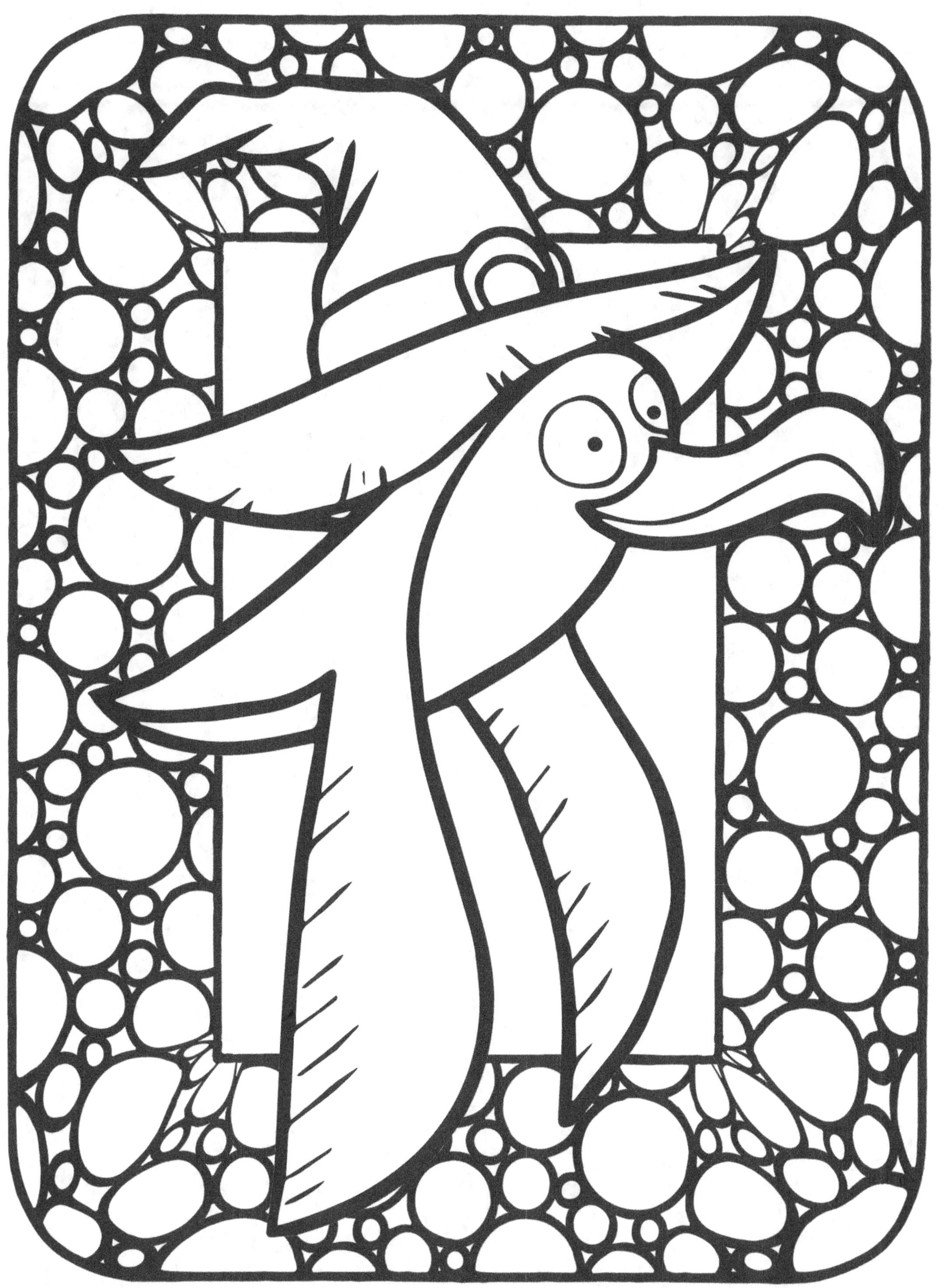

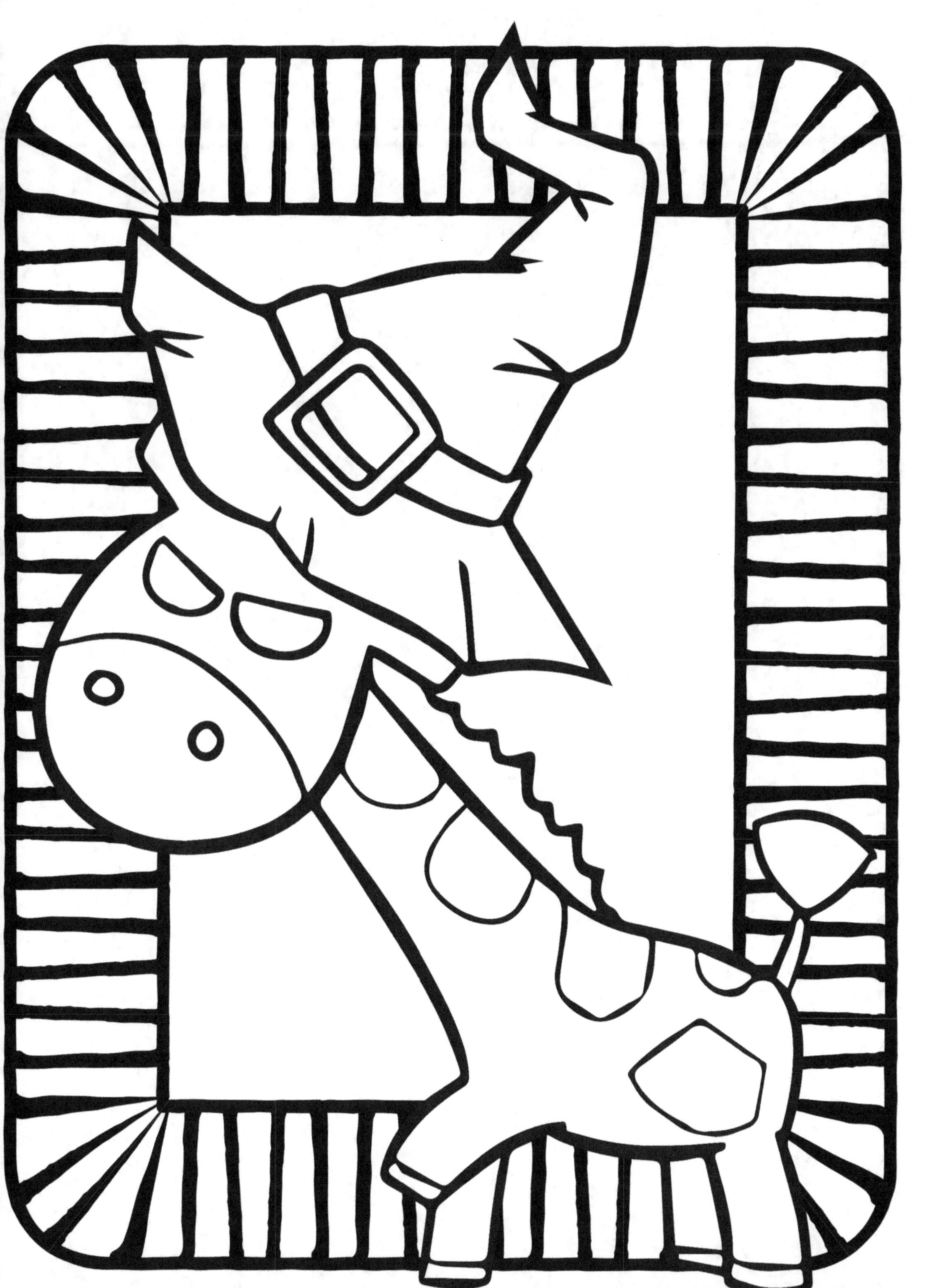

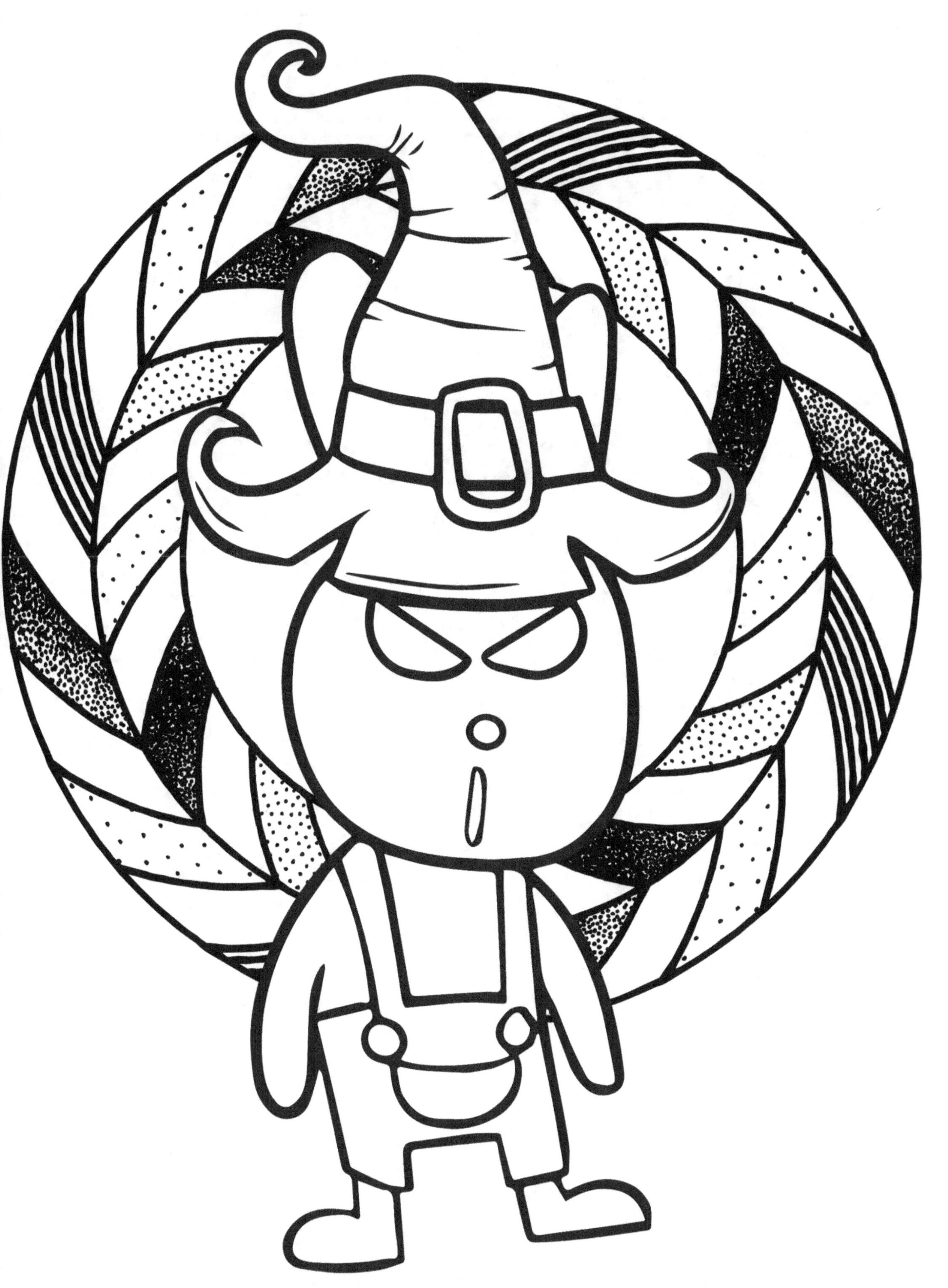

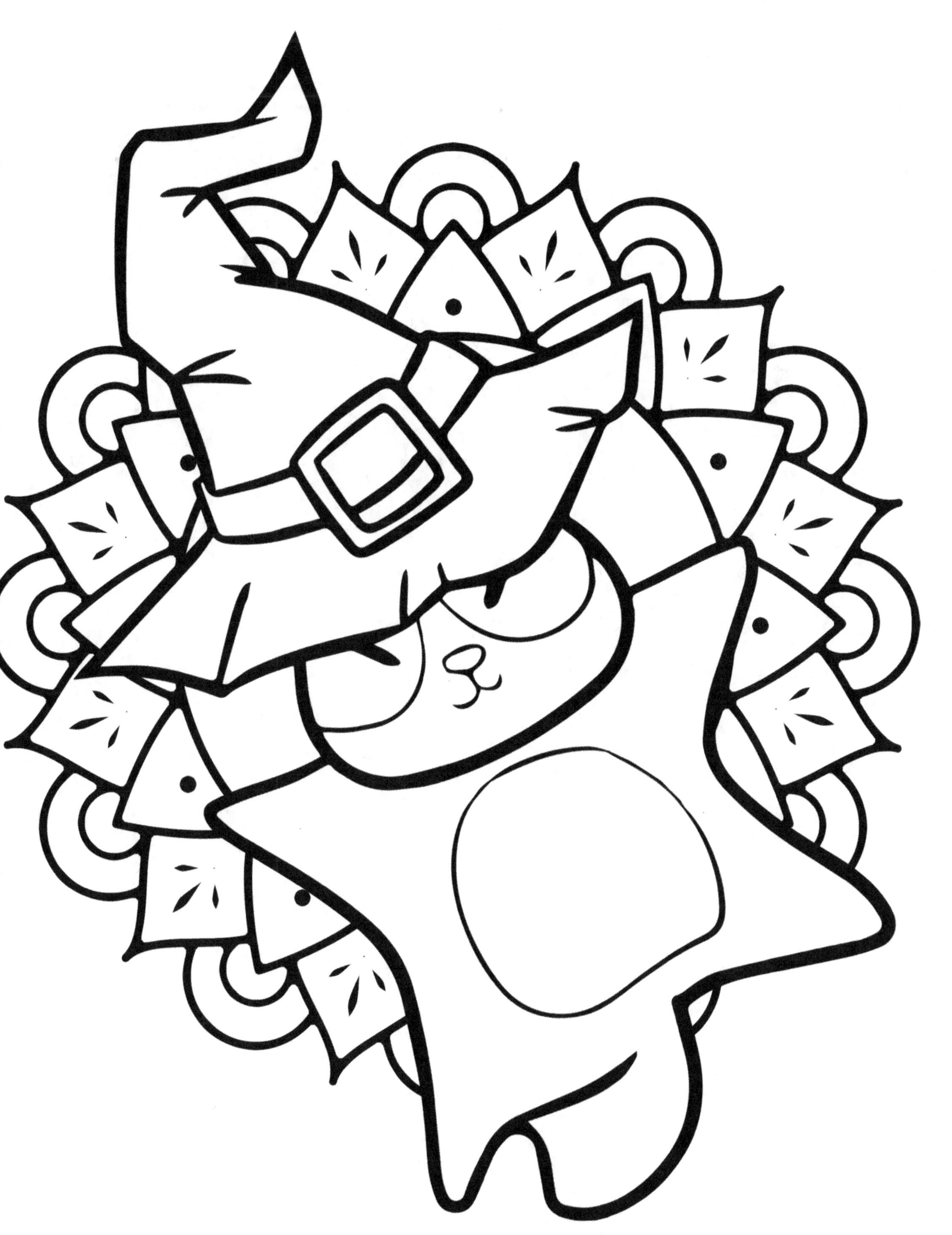

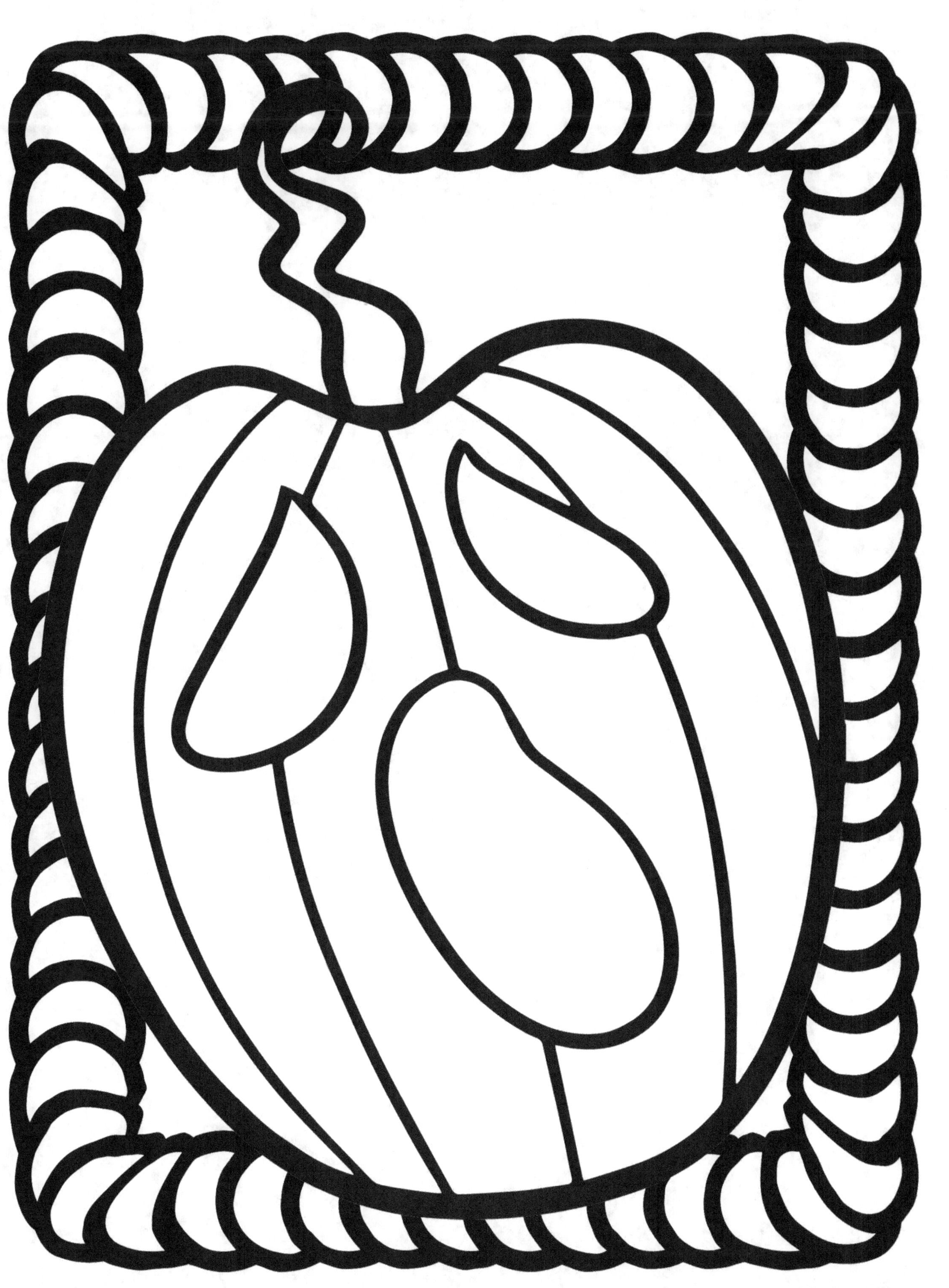

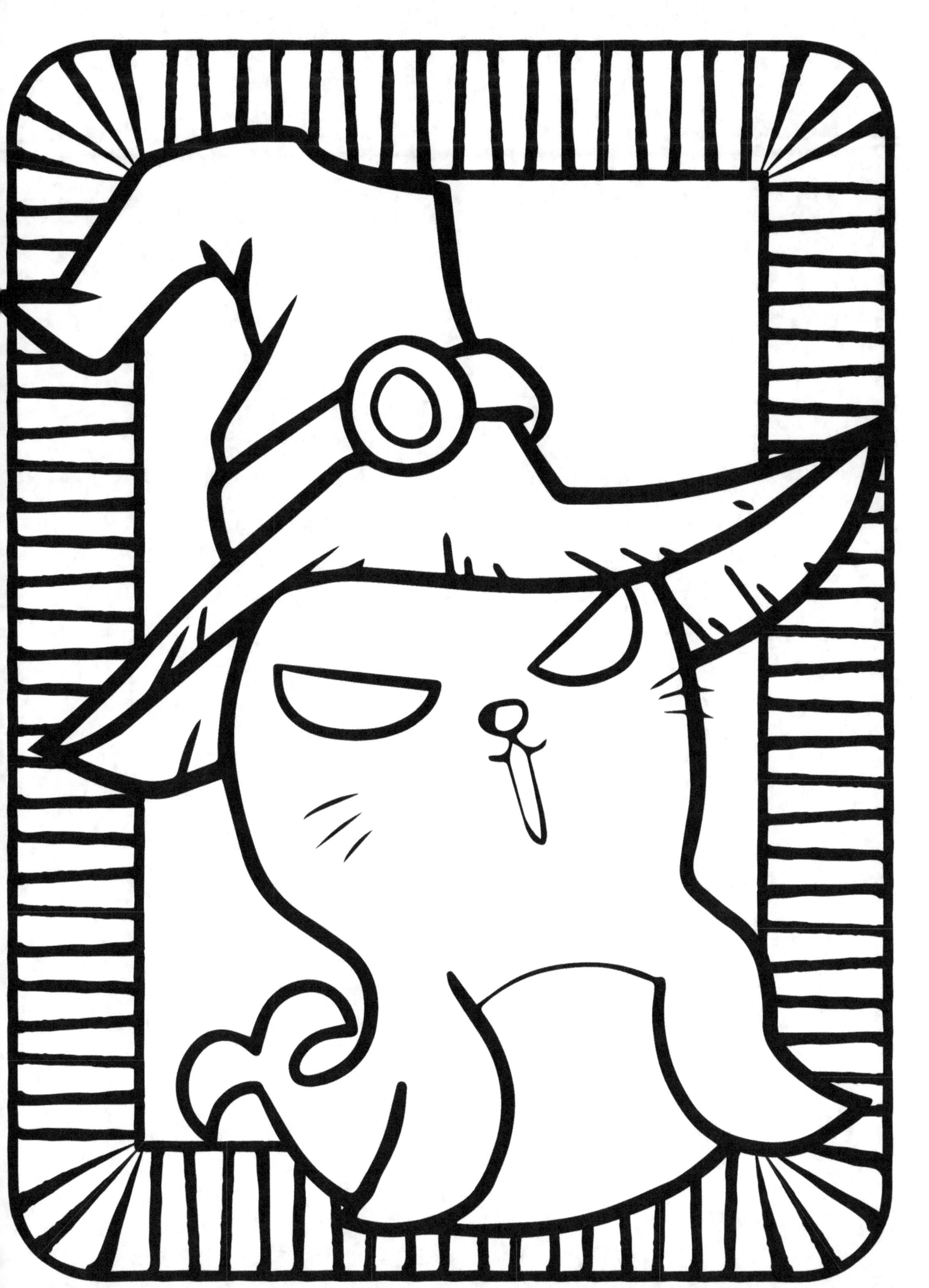

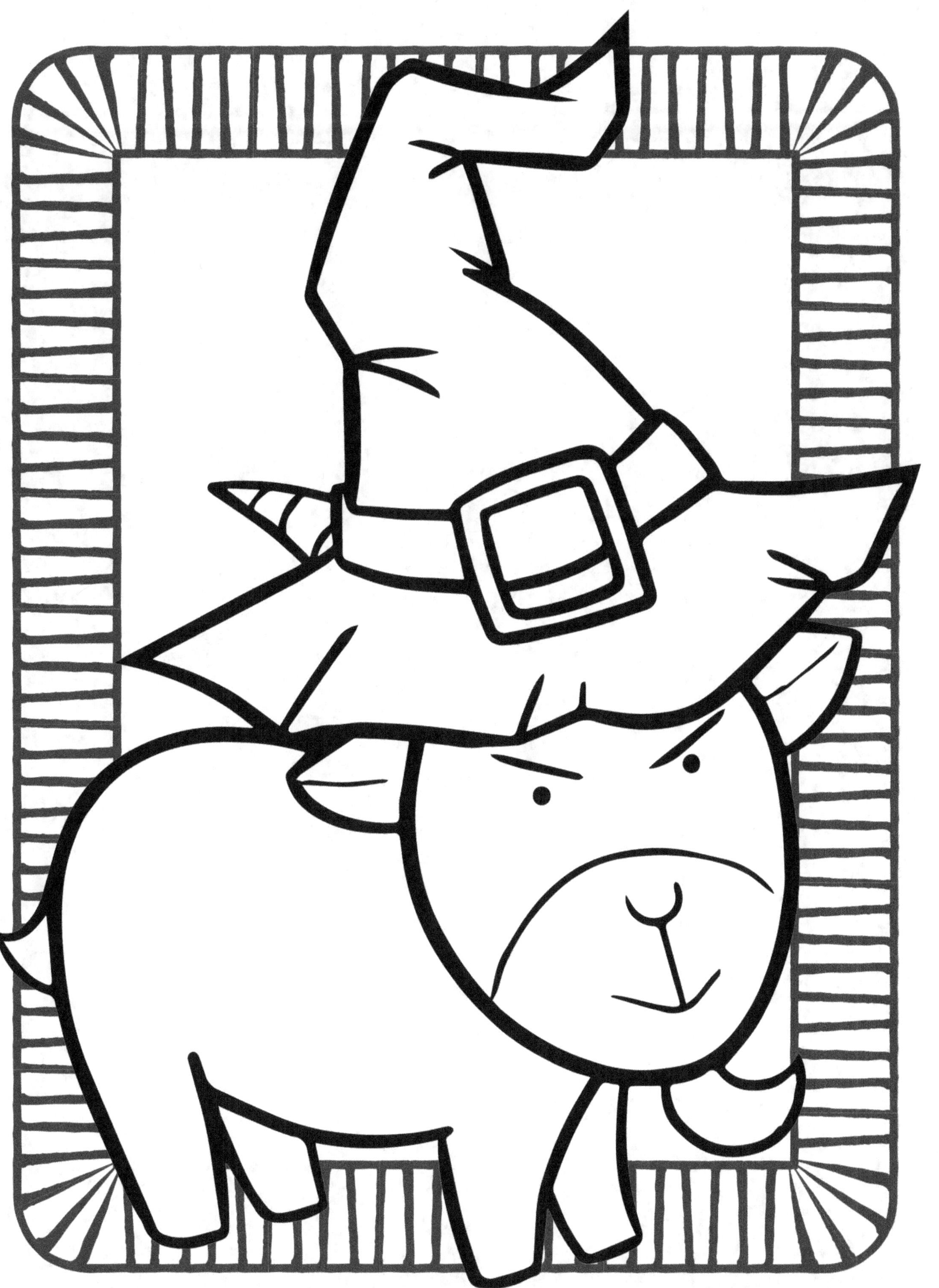

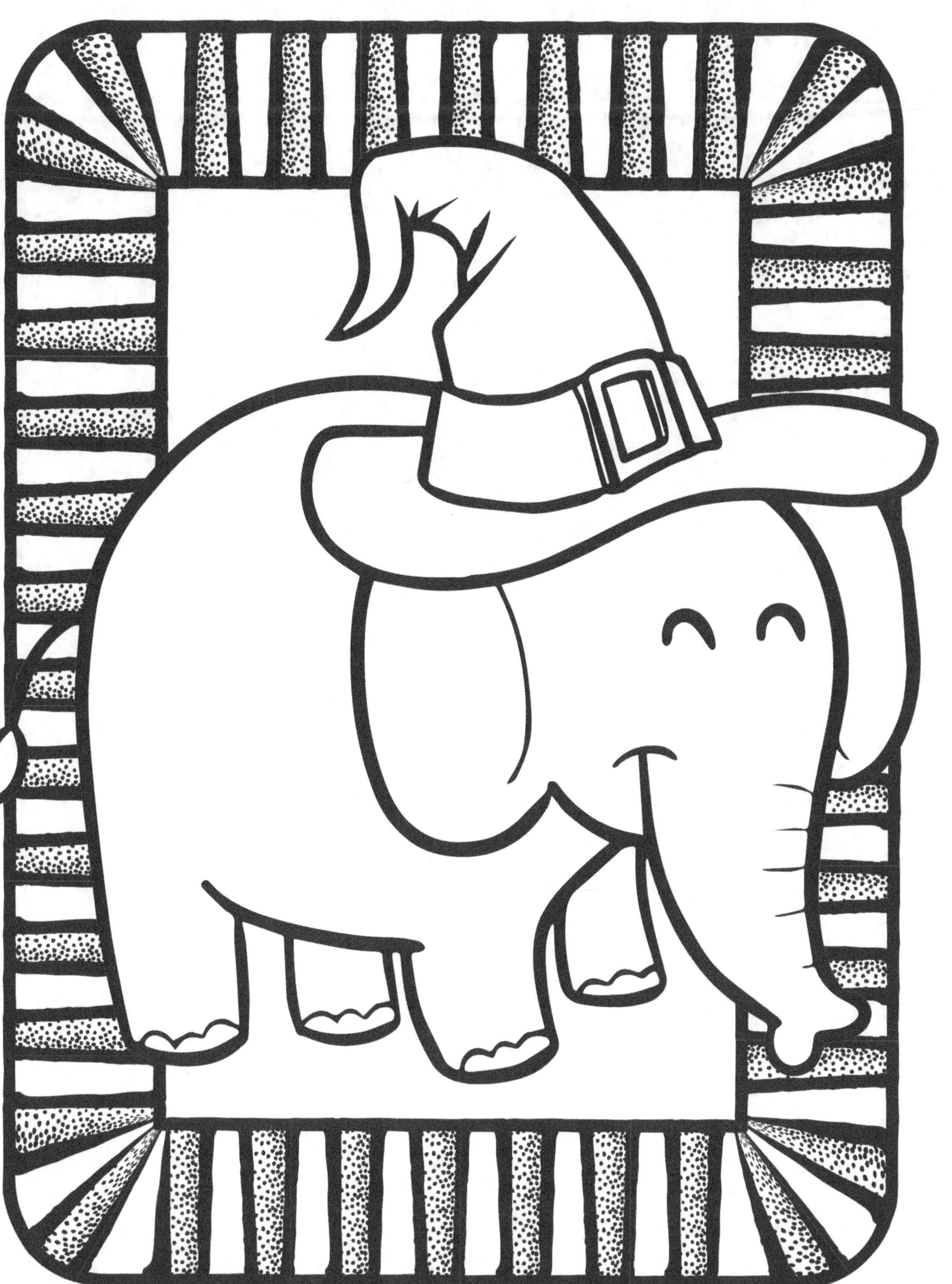

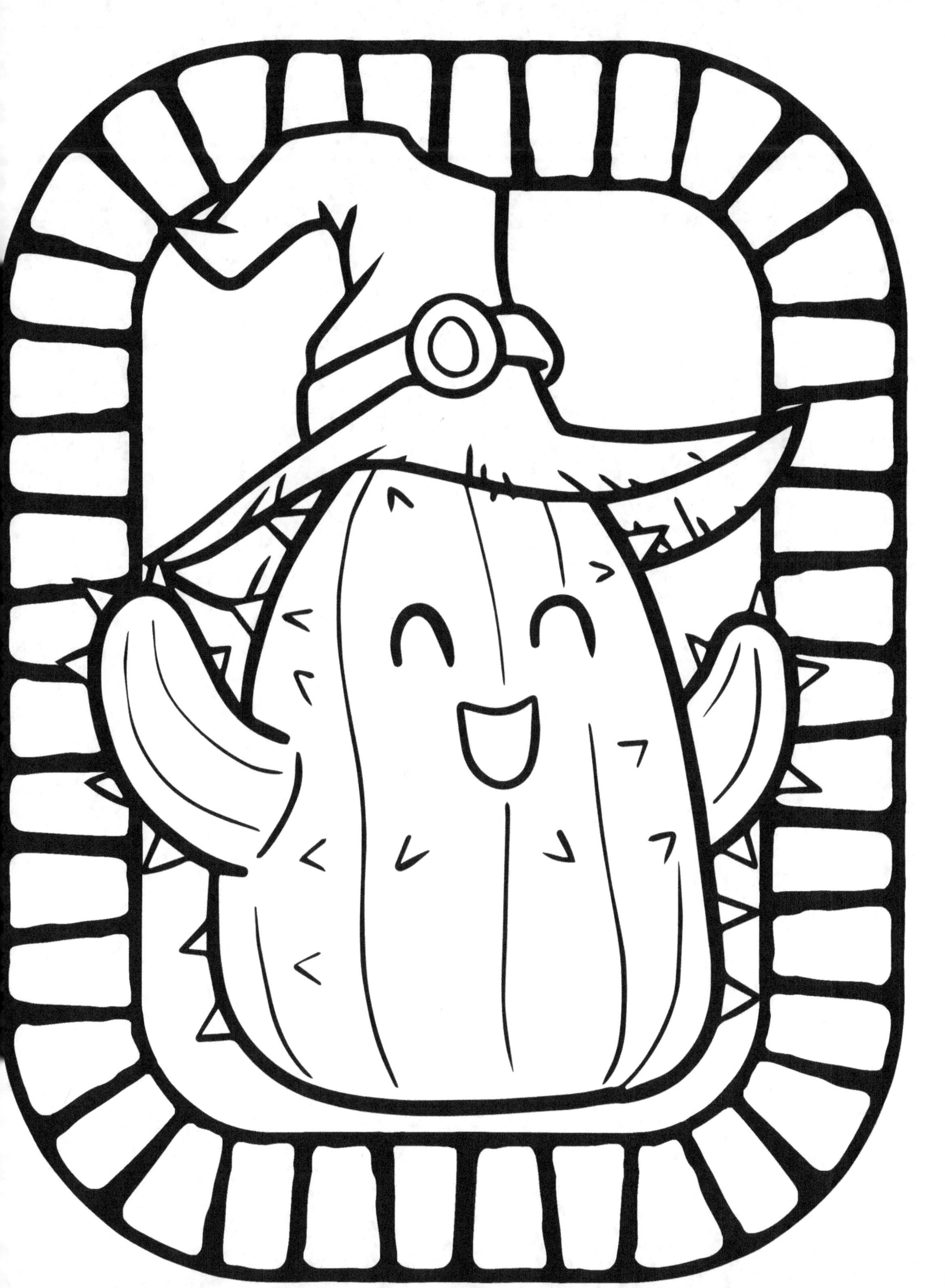

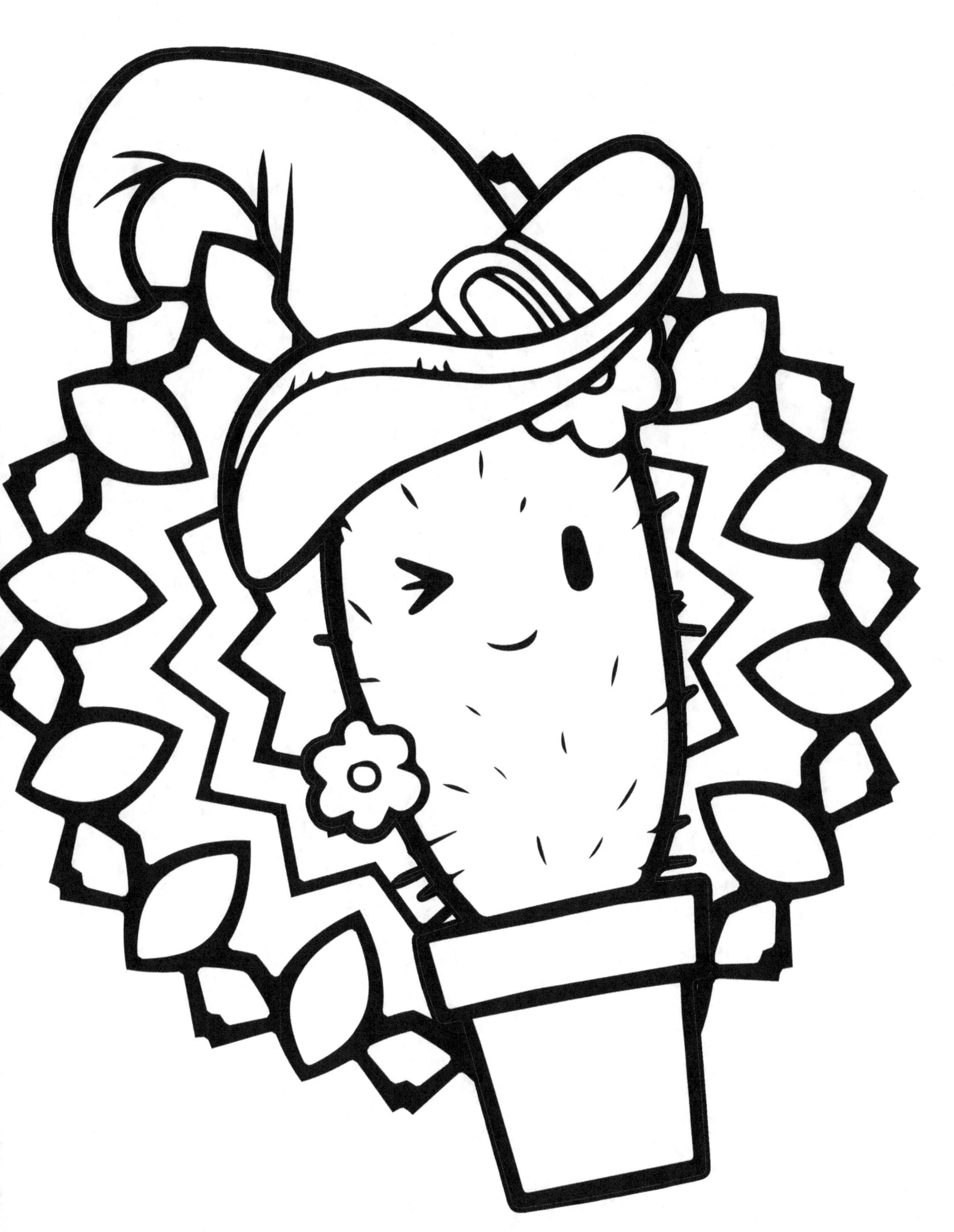

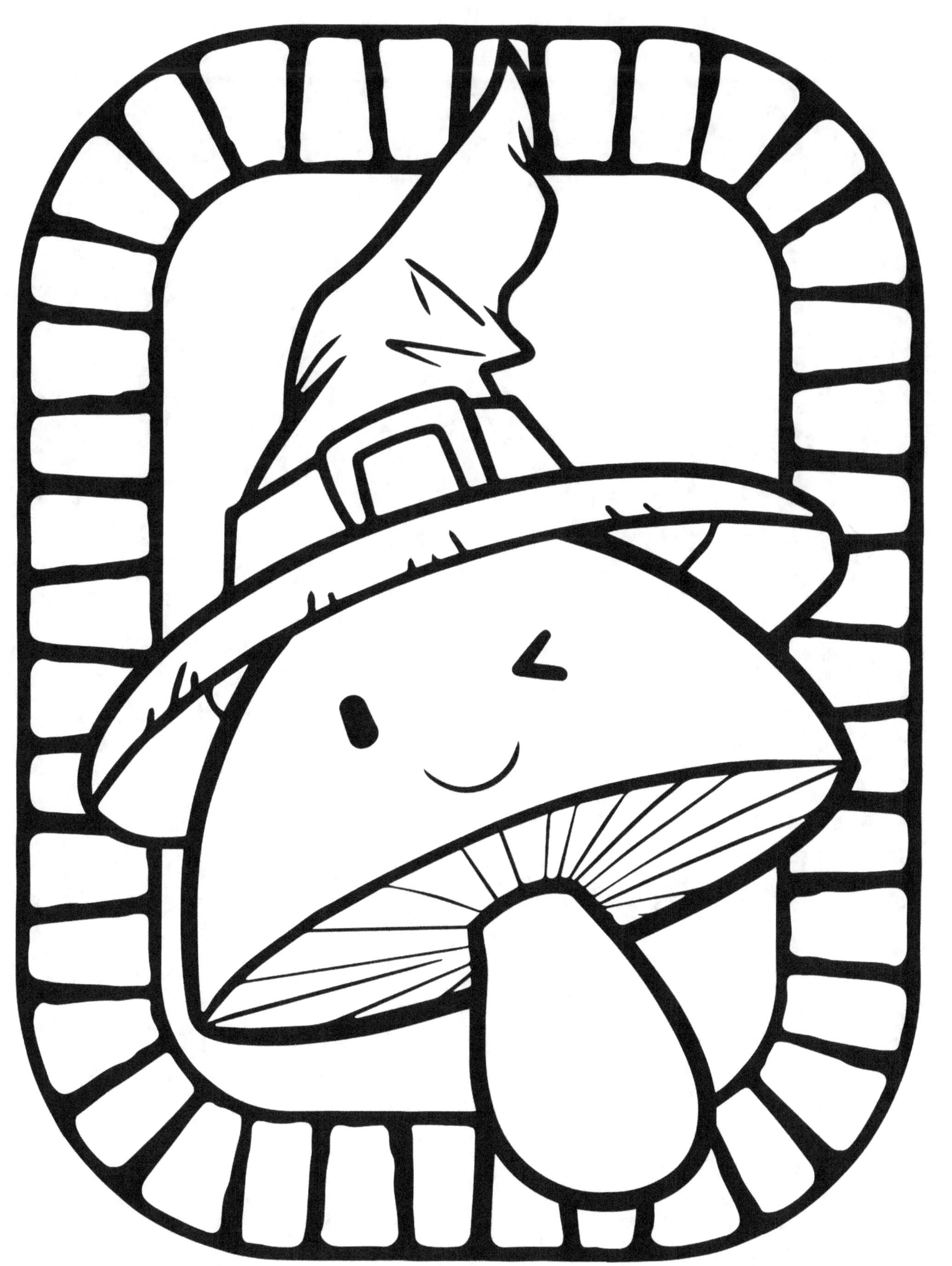

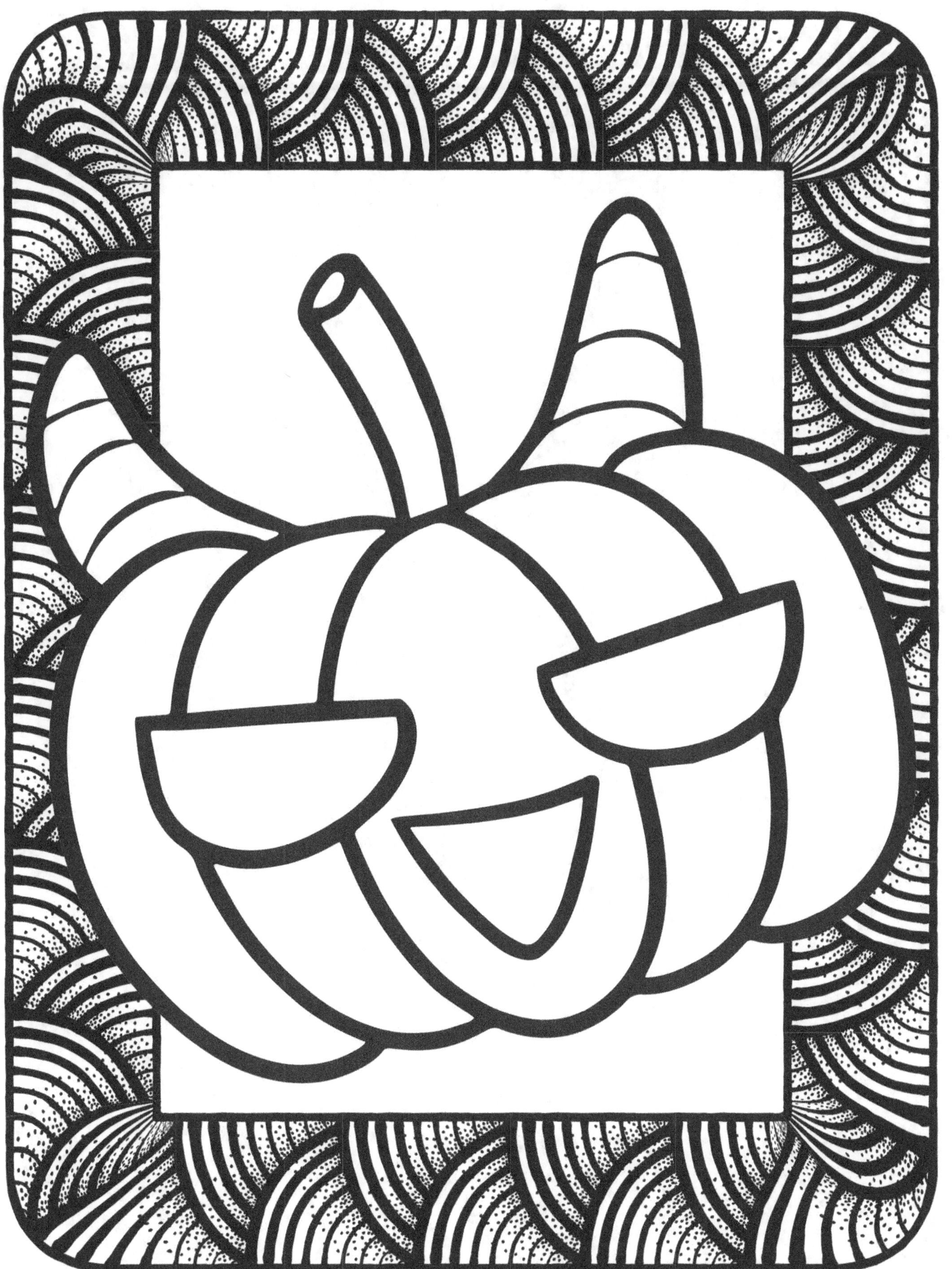